사일 동안
이것만 풀면
다 합격!

삼성
온라인 GSAT
5급 고졸채용

시대에듀

2025 최신판 시대에듀 All-New 사이다 모의고사
삼성 온라인 GSAT 5급 고졸채용

Always **with you**

사람의 인연은 길에서 우연하게 만나거나 함께 살아가는 것만을 의미하지는 않습니다.
책을 펴내는 출판사와 그 책을 읽는 독자의 만남도 소중한 인연입니다.
시대에듀는 항상 독자의 마음을 헤아리기 위해 노력하고 있습니다. 늘 독자와 함께하겠습니다.

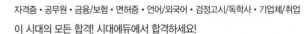

머리말 PREFACE

삼성 경영철학의 최우선순위는 '인간존중' 이념이다. 이를 구현하기 위해 삼성은 1995년에 개인의 능력과 무관한 학력, 성별 등의 모든 차별을 배제한 '열린채용'을 실시함으로써 채용문화에 변화의 바람을 일으켰다. 이때 삼성 직무적성검사(SSAT ; SamSung Aptitude Test)를 도입, 단편적 지식과 학력 위주의 평가 방식에서 과감히 탈피했다.

20년 동안 채용을 진행하면서 입사 후 우수 직원들의 업무성과 요인 등을 분석한 결과 직군별 성과요인에 차이가 있었다. 또한 미래 경영환경의 변화와 글로벌 주요 기업들의 사례를 통해 창의적이고 우수한 인재를 효과적으로 확보할 필요성이 생겼다. 이에 삼성은 2015년 하반기 공채부터 시험 위주의 획일적 채용방식을 직군별로 다양화하는 방향으로 채용제도를 개편했다. 이와 더불어 SSAT(국내)와 GSAT(해외)로 혼재되어 사용하던 삼성 직무적성검사의 명칭을 GSAT(Global Samsung Aptitude Test)로 통일시켰다.

실제 삼성 직무적성검사 기출문제를 살펴보면 평소 꾸준히 준비하지 않는 이상 쉽게 통과할 수 없도록 구성되어 있다. 더군다나 입사 경쟁이 날이 갈수록 치열해지는 요즘과 같은 상황에서는 더욱 철저한 준비가 요구된다. '철저한 준비'는 단지 입사를 위해서뿐만 아니라 성공적인 직장생활을 위해서도 필수적이다.

이에 시대에듀는 수험생들이 GSAT에 대한 '철저한 준비'를 할 수 있도록 다음과 같이 본서를 구성하였으며, 이를 통해 단기에 성적을 올릴 수 있는 학습법을 제시하였다.

도서의 특징

❶ 수리/추리/지각 총 3개의 출제영역으로 구성된 모의고사 4회분을 수록하여 매일 1회씩 풀며 시험 전 4일 동안 자신의 실력을 최종적으로 점검할 수 있도록 하였다.

❷ 전 회차에 도서 동형 온라인 실전연습 서비스를 제공하여 실제로 온라인 시험에 응시하는 것처럼 연습할 수 있도록 하였다.

❸ 온라인 모의고사 2회분을 더해 부족한 부분을 추가적으로 학습할 수 있도록 하였다.

끝으로 본서가 삼성 채용을 준비하는 여러분 모두에게 합격의 기쁨을 전달하기를 진심으로 기원한다.

SDC(Sidae Data Center) 씀

◇ **경영철학과 목표**

1. 인재와 기술을 바탕으로

- 인재 육성과 기술 우위 확보를 경영 원칙으로 삼는다.
- 인재와 기술의 조화를 통하여 경영 시스템 전반에 시너지 효과를 증대한다.

2. 최고의 제품과 서비스를 창출하여

- 고객에게 최고의 만족을 줄 수 있는 제품과 서비스를 창출한다.
- 동종업계에서 세계 1군의 위치를 유지한다.

3. 인류사회에 공헌한다.

- 인류의 공동이익과 풍요로운 삶을 위해 기여한다.
- 인류 공동체 일원으로서의 사명을 다한다.

◇ **핵심가치**

인재제일	'기업은 사람이다.'라는 신념을 바탕으로 인재를 소중히 여기고 마음껏 능력을 발휘할 수 있는 기회의 장을 만들어 간다.
최고지향	끊임없는 열정과 도전정신으로 모든 면에서 세계 최고가 되기 위해 최선을 다한다.
변화선도	변화하지 않으면 살아남을 수 없다는 위기의식을 가지고 신속하고 주도적으로 변화와 혁신을 실행한다.
정도경영	곧은 마음과 진실되고 바른 행동으로 명예와 품위를 지키며 모든 일에 있어서 항상 정도를 추구한다.
상생추구	우리는 사회의 일원으로서 더불어 살아간다는 마음을 가지고 지역사회, 국가, 인류의 공동 번영을 위해 노력한다.

◇ **경영원칙**

법과 윤리적 기준을 준수한다.

- 개인의 존엄성과 다양성을 존중한다.
- 법과 상도의에 따라 공정하게 경쟁한다.
- 정확한 회계기록을 통해 회계의 투명성을 유지한다.
- 정치에 개입하지 않으며 중립을 유지한다.

깨끗한 조직 문화를 유지한다.

- 모든 업무활동에서 공과 사를 엄격히 구분한다.
- 회사와 타인의 지적 재산을 보호하고 존중한다.
- 건전한 조직 분위기를 조성한다.

고객, 주주, 종업원을 존중한다.

- 고객만족을 경영활동의 우선적 가치로 삼는다.
- 주주가치 중심의 경영을 추구한다.
- 종업원의 '삶의 질' 향상을 위해 노력한다.

환경·안전·건강을 중시한다.

- 환경친화적 경영을 추구한다.
- 인류의 안전과 건강을 중시한다.

기업 시민으로서 사회적 책임을 다한다.

- 기업 시민으로서 지켜야 할 기본적 책무를 성실히 수행한다.
- 사업 파트너와 공존공영의 관계를 구축한다.
- 현지의 사회·문화적 특성을 존중하고 공동 경영(상생/협력)을 실천한다.

신입사원 채용 안내 INFORMATION

◇ **모집시기**

연 1~2회 공채 및 수시 채용(시기 미정)

◇ **지원자격**

❶ 고등학교 · 전문대 졸업 또는 졸업예정자

❷ 군복무 중인 자는 당해년도 전역 가능한 자

❸ 해외여행에 결격사유가 없는 자

◇ **채용절차**

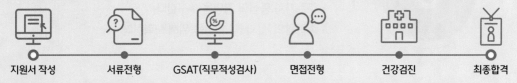

| 지원서 작성 | 서류전형 | GSAT(직무적성검사) | 면접전형 | 건강검진 | 최종합격 |

◇ **시험진행**

구분	영역	문항 수	제한시간
기초능력검사	수리능력검사	40문항	15분
	추리능력검사	40문항	20분
	지각능력검사	40문항	10분

※ 채용절차 및 전형은 채용유형과 직무, 시기 등에 따라 변동될 수 있으므로 반드시 채용공고를 확인하기 바랍니다.

◇ 온라인 GSAT 패스 팁!

❶ 오답은 감점 처리되므로 확실하게 푼 문제만 답을 체크하고 나머지는 그냥 둔다.

❷ 풀고자 하는 문제 번호를 검색하면 해당 문제로 바로 갈 수 있다. 페이지를 마우스 클릭으로 일일이 넘기지 않아도 된다.

❸ 온라인 시험에서는 풀이를 직접 양면으로 프린트한 문제풀이 용지에 작성하고 정답은 화면에서 체크해야 하므로 문제를 풀고 정답을 바로바로 체크하는 연습이 필요하다.

❹ 풀이가 작성된 문제풀이 용지는 시험 직후 제출해야 하며 부정행위가 없었는지 확인하는 데에 사용된다.

◇ 필수 준비물

❶ 타인과 접촉이 없으며 원활한 네트워크 환경이 조성된 응시 장소

❷ 권장 사양에 적합한 PC, 스마트폰 및 주변 기기(웹캠, 마이크, 스피커, 키보드, 마우스)

❸ 신분증(주민등록증, 운전면허증, 여권, 외국인등록증 중 택 1)

◇ 유의사항

❶ 시험시간 최소 20분 전에 접속 완료해야 한다.

❷ 응시 환경 확인 시간 이후 자리 이탈은 금지된다.

❸ 촬영 화면 밖으로 손이나 머리가 나가면 안 된다.

❹ 시험 문제를 메모하거나 촬영하는 행위는 금지된다.

❺ 외부 소음이 나면 시험이 중지될 수 있다.

❻ 거울, 화이트보드, CCTV가 있는 장소에서는 응시가 불가능하다.

◇ 부정행위

❶ 신분증 및 증빙서류를 위·변조하여 검사를 치르는 행위

❷ 대리 시험을 의뢰하거나 대리로 검사에 응시하는 행위

❸ 문제를 메모 또는 촬영하는 행위

❹ 문제의 일부 또는 전부를 유출하거나 외부에 배포하는 행위

❺ 타인과 답을 주고받는 행위

학습플랜 STUDY PLAN

1일 차 학습플랜	1일 차 기출응용 모의고사

_____월 _____일		
수리능력검사	추리능력검사	지각능력검사

2일 차 학습플랜	2일 차 기출응용 모의고사

_____월 _____일		
수리능력검사	추리능력검사	지각능력검사

3일 차 학습플랜   3일 차 기출응용 모의고사

월 일		
수리능력검사	추리능력검사	지각능력검사

4일 차 학습플랜   4일 차 기출응용 모의고사

월 일		
수리능력검사	추리능력검사	지각능력검사

취약영역 분석 WEAK POINT

1일 차 취약영역 분석

시작 시간	:	종료 시간	:
풀이 개수	개	못 푼 개수	개
맞힌 개수	개	틀린 개수	개
취약영역 / 유형			
2일 차 대비 개선점			

2일 차 취약영역 분석

시작 시간	:	종료 시간	:
풀이 개수	개	못 푼 개수	개
맞힌 개수	개	틀린 개수	개
취약영역 / 유형			
3일 차 대비 개선점			

3일 차 취약영역 분석

시작 시간	:	종료 시간	:
풀이 개수	개	못 푼 개수	개
맞힌 개수	개	틀린 개수	개
취약영역 / 유형			
4일 차 대비 개선점			

4일 차 취약영역 분석

시작 시간	:	종료 시간	:
풀이 개수	개	못 푼 개수	개
맞힌 개수	개	틀린 개수	개
취약영역 / 유형			
시험일 대비 개선점			

이 책의 차례 CONTENTS

1일 차
기출응용 모의고사

〈문항 수 및 시험시간〉

삼성 온라인 GSAT 5급		
영역	문항 수	영역별 제한시간
수리능력검사	40문항	15분
추리능력검사	40문항	20분
지각능력검사	40문항	10분

1일 차 기출응용 모의고사

문항 수 : 120문항
시험시간 : 45분

제1영역 수리능력검사

※ 다음 식을 계산한 값으로 옳은 것을 고르시오. [1~10]

01

$$1,210 \div 121 + 1,212 - 787$$

① 405 ② 415
③ 425 ④ 435

02

$$565 \div 5 + 44 \times 3$$

① 215 ② 225
③ 235 ④ 245

03

$$12,052 + 12,025 + 10,252$$

① 34,029 ② 34,129
③ 34,229 ④ 34,329

04

$$44+55\div11-22$$

① 27   ② 28
③ 29   ④ 30

05

$$78\times3+6\times79$$

① 708   ② 718
③ 728   ④ 738

06

$$456\div8-13$$

① 14   ② 24
③ 34   ④ 44

07

$$544+81\div3^2+17$$

① 550   ② 560
③ 570   ④ 580

08

$$455-279\div9-52$$

① 362   ② 372
③ 382   ④ 392

09

$$45 \times 7 - 44 \times 6$$

① 51   ② 52

③ 53   ④ 54

10

$$454 - 555 \div 3$$

① 266   ② 267

③ 268   ④ 269

11 농도가 7%인 소금물 300g에 들어있는 소금의 양은?

① 18g   ② 19g

③ 20g   ④ 21g

12 진수는 집에서 도서관까지 시속 4km로 걸어갔더니 1시간이 걸렸다. 집에서 도서관까지의 거리는?

① 1km   ② 2km

③ 3km   ④ 4km

13 A, B 주사위 2개를 동시에 던질 때, A에서는 짝수의 눈이 나오고, B에서는 5 이상의 눈이 나올 확률은?

① $\dfrac{1}{12}$

② $\dfrac{1}{8}$

③ $\dfrac{1}{6}$

④ $\dfrac{1}{4}$

14 다음 문장을 읽고 팀장의 나이로 옳은 것은?

> • 팀장의 나이는 과장보다 4살이 많다.
> • 대리의 나이는 31세이다.
> • 사원은 대리보다 6살 어리다.
> • 과장과 팀장 나이의 합은 사원과 대리의 나이 합의 2배이다.

① 56세

② 57세

③ 58세

④ 59세

15 둘레가 6km인 공원을 나래는 자전거를 타고, 진혁이는 걷기로 했다. 같은 방향으로 돌면 1시간 30분 후에 다시 만나고, 서로 반대 방향으로 돌면 1시간 후에 만난다고 할 때, 나래의 속도는?

① 4.5km/h

② 5km/h

③ 5.5km/h

④ 6km/h

16 S회사의 해외사업부, 온라인 영업부, 영업지원부에서 각각 2명, 2명, 3명이 대표로 회의에 참석하기로 하였다. 자리 배치는 원탁 테이블에 같은 부서 사람이 옆자리로 앉는다고 할 때, 7명이 앉을 수 있는 경우의 수는?

① 48가지

② 36가지

③ 27가지

④ 24가지

17 다음 묘비의 비문에 적혀있는 철학자가 생을 마감한 나이는?

> 여기 위대한 철학자가 누워있다.
>
> 그는 생애의 $\frac{1}{5}$은 수학을 배우면서 자랐고, 그 후 생의 $\frac{3}{10}$의 기간 동안 학교에서 공부하였다. 그 후 8년이 흘렀을 때, 그는 결혼을 하였다. 4년 후 아들이 태어났지만 아들은 아버지 생애의 $\frac{1}{6}$밖에 살지 못하였고, 아들이 죽은 5년 후에 그는 죽었다.

① 51세

② 61세

③ 71세

④ 81세

18 경서와 민준이는 1 : 2의 비율로 용돈을 받았고, 4 : 7의 비율로 지출을 했다. 각각 남은 금액이 2,000원, 5,500원이라고 할 때, 민준이가 받은 용돈은 얼마인가?(단, 용돈 외에 추가 수입은 없었다)

① 15,000원

② 15,500원

③ 16,000원

④ 16,500원

19 연속하는 세 홀수에 대하여 가장 큰 수는 나머지 두 수의 합보다 11만큼 작다. 이때 가장 작은 수는?

① 9

② 13

③ 17

④ 21

20 A ~ E 5명은 모두 한 팀이며, A, C의 평균값은 20이고, B, D, E의 평균값은 40이다. 이때 팀 전체 평균값은?

① 30

② 31

③ 32

④ 33

21 다음은 연도별 우표 발행 현황에 대한 자료이다. 이에 대한 설명으로 옳은 것은?

〈우표 발행 현황〉

(단위 : 십만 장)

구분	2020년	2021년	2022년	2023년	2024년
보통우표	1,670	1,640	770	1,100	1,050
기념우표	430	560	400	350	360
나만의 우표	50	40	30	20	10
합계	2,150	2,240	1,200	1,470	1,420

① 2020 ~ 2024년까지 보통우표와 기념우표 발행 수의 증감 추이는 동일하다.

② 기념우표와 나만의 우표 모두 발행 수가 가장 적은 해는 2023년이다.

③ 보통우표와 기념우표 발행 수가 가장 큰 차이를 보이는 해는 2020년이다.

④ 2022년 전체 발행 수에서 나만의 우표가 차지하고 있는 비율은 3% 이상이다.

22 다음은 연도별 지방자치단체 여성 공무원 현황에 대한 자료이다. 이에 대한 설명으로 옳지 않은 것은?

〈지방자치단체 여성 공무원 현황〉

(단위 : 백 명, %)

구분	2019년	2020년	2021년	2022년	2023년	2024년
전체 공무원	2,660	2,725	2,750	2,755	2,780	2,795
여성 공무원	705	750	780	805	820	830
여성 공무원 비율	26.5	27.5	28.4	29.2	29.5	29.7

① 2019년 이후 여성 공무원 수는 매년 증가하고 있다.

② 2022년 전체 공무원 수는 전년 대비 증가하였다.

③ 2023년 남성 공무원 수는 1,960백 명이다.

④ 2024년에 남성 공무원이 차지하는 비율과 여성 공무원이 차지하는 비율의 차이는 40%p 미만이다.

23 다음은 2024년 연령대별 골다공증 진료 현황에 대한 자료이다. 이에 대한 설명으로 옳지 않은 것은?

〈골다공증 진료 현황〉

(단위 : 천 명)

구분	전체	20대 이하	30대	40대	50대	60대	70대	80대 이상
남성	388	2	2	8	90	100	122	64
여성	492	1	5	26	103	164	133	60
합계	880	3	7	34	193	264	255	124

① 골다공증 발병이 진료로 이어진다면 여성의 발병률이 남성보다 높다.
② 전체 골다공증 진료 인원 중 40대 이하가 차지하는 비율은 5%이다.
③ 전체 골다공증 진료 인원 중 골다공증 진료 인원이 가장 많은 연령대는 60대로, 그 비율은 30%이다.
④ 골다공증 진료율이 가장 높은 연령대는 남성과 여성이 같다.

24 다음은 연도별 여성 취업자 중 전문·관리직 종사자 구성비를 나타낸 자료이다. 이에 대한 설명으로 옳지 않은 것은?

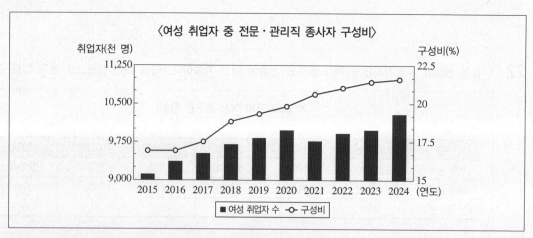

〈여성 취업자 중 전문·관리직 종사자 구성비〉

① 여성 취업자 중 전문·관리직 종사자의 구성비는 2016년 이후 꾸준히 증가했다.
② 여성 취업자 수는 전년 대비 2021년 잠시 감소했다가 2022년부터 다시 증가하기 시작했다.
③ 2023년의 여성 취업자 수 중 전문·관리직 종사자의 수는 약 1,800천 명' 이상이다.
④ 2023년 여성 취업자 중 전문·관리직 종사자는 50% 이상이다.

25 다음은 2023년과 2024년의 품복별 수송량 구성비에 대한 자료이다. 이에 대한 설명으로 옳지 않은 것은?

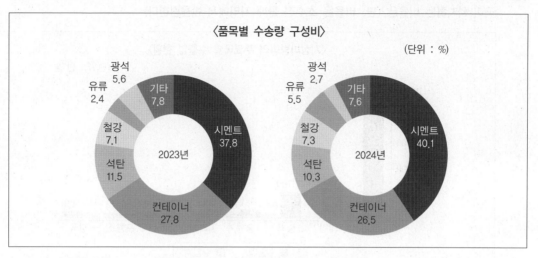

① 2023년 대비 2024년에 구성비가 증가한 품목은 3개이다.
② 컨테이너 수송량은 2023년에 비해 2024년에 감소하였다.
③ 2023년 대비 2024년에 구성비가 가장 크게 변화한 품목은 유류이다.
④ 2023년과 2024년에 가장 큰 비율을 차지하는 품목은 같다.

26 다음은 출생연대별로 드러난 개인주의 가치 성향을 조사한 결과이다. 이에 대한 설명으로 옳은 것은?

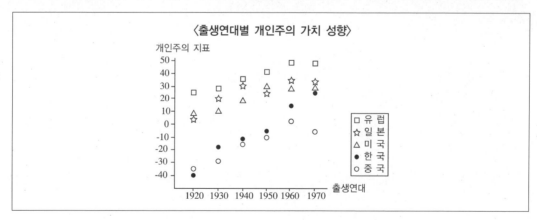

① 세대별로 가치 성향의 차이는 한국보다 유럽이 큰 편이다.
② 한국을 제외하고는 나이와 개인주의 가치 성향이 항상 반비례하고 있다.
③ 중국의 1960년대생과 1970년대생은 비슷한 개인주의 성향을 보인다.
④ 전체 인구를 보면 대체로 유럽, 일본, 미국이 한국, 중국보다 개인주의 성향이 더 강하다.

27 다음은 방송통신위원회가 발표한 2024년 지상파방송의 프로그램 수출입 현황이다. 프로그램 수입에서 영국이 차지하는 비율은?(단, 비율은 소수점 둘째 자리에서 반올림한다)

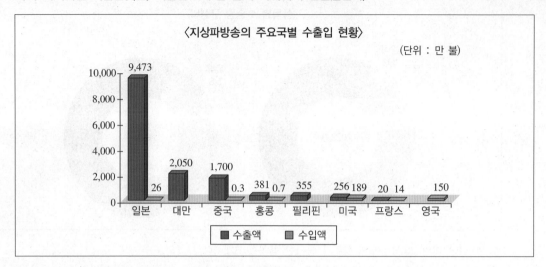

〈지상파방송의 주요국별 수출입 현황〉

(단위 : 만 불)

① 45.2%

② 43.8%

③ 41.1%

④ 39.5%

28 다음은 연도별 관광통역 안내사 자격증 취득 현황에 대한 자료이다. 이에 대한 〈보기〉의 설명 중 옳지 않은 것을 모두 고르면?

〈관광통역 안내사 자격증 취득 현황〉

(단위 : 명)

구분	영어	일어	중국어	불어	독어	스페인어	러시아어	베트남어	태국어
2019년	150	353	370	2	2	1	5	2	3
2020년	165	270	698	2	2	2	3	–	12
2021년	235	245	1,160	3	4	3	5	4	8
2022년	380	265	2,469	3	2	4	6	14	35
2023년	345	137	1,963	7	3	4	5	5	17
2024년	460	150	1,350	6	2	3	6	5	15
합계	1,735	1,420	8,010	23	15	17	30	30	90

〈보기〉

ㄱ. 영어와 스페인어 관광통역 안내사 자격증 취득자 수는 2020년부터 2024년까지 매년 증가하였다.

ㄴ. 2024년 중국어 관광통역 안내사 자격증 취득자 수는 일어 관광통역 안내사 자격증 취득자 수의 9배이다.

ㄷ. 2021년과 2022년의 태국어 관광통역 안내사 자격증 취득자 수 대비 베트남어 관광통역 안내사 자격증 취득자 수의 비율 차이는 10%p이다.

ㄹ. 불어 관광통역 안내사 자격증 취득자 수와 독어 관광통역 안내사 자격증 취득자 수는 2020년부터 2024년까지 전년 대비 증감 추이가 동일하다.

① ㄱ, ㄴ
② ㄱ, ㄹ
③ ㄴ, ㄹ
④ ㄱ, ㄷ, ㄹ

29 다음은 2023년과 2024년 디지털 콘텐츠 제작 분야의 영역별 매출 현황에 대한 자료이다. 이에 대한 설명으로 옳지 않은 것은?

<제작 분야의 영역별 매출 현황>

(단위 : 억 원, %)

구분	정보	출판	영상	음악	캐릭터	애니메이션	게임	기타	합계
2023년	227 (10.8)	143 (6.8)	109 (5.2)	101 (4.8)	61 (2.9)	264 (12.6)	1,177 (56.0)	18 (0.9)	2,100 (100)
2024년	364 (13.0)	213 (7.6)	269 (9.6)	129 (4.6)	95 (3.4)	272 (9.7)	1,441 (51.5)	17 (0.6)	2,800 (100)

※ (   )는 총매출액에 대한 비율임

① 2024년 총매출액은 2023년 총매출액보다 700억 원 더 많다.

② 2023년과 2024년 모두 게임 영역이 차지하는 비율이 50% 이상이다.

③ 기타 영역을 제외한 모든 영역에서 2023년보다 2024년이 매출액이 더 많다.

④ 2023년과 2024년 총매출액에 대한 비율의 차이가 가장 적은 것은 기타 영역이다.

30 다음은 농·축·수산물 안전성 조사결과에 대한 자료이다. 이에 대한 설명으로 옳지 않은 것은?

<단계별 농·축·수산물 안전성 조사결과>

(단위 : 건)

구분	농산물		축산물		수산물	
	조사 건수	부적합 건수	조사 건수	부적합 건수	조사 건수	부적합 건수
생산단계	91,211	1,209	418,647	1,803	12,922	235
유통단계	55,094	516	22,927	106	8,988	49
합계	146,305	1,725	441,574	1,909	21,910	284

※ [부적합 건수 비율(%)] = $\dfrac{(부적합건수)}{(조사건수)} \times 100$

① 생산단계에서의 수산물 부적합 건수 비율은 농산물 부적합 건수 비율보다 높다.

② 농·축·수산물의 부적합 건수의 평균은 1천 3백 건 이상이다.

③ 농·축·수산물별 부적합 건수 비율이 가장 높은 것은 농산물이다.

④ 유통단계의 부적합 건수 중 농산물 건수는 수산물 건수의 10배 이상이다.

31 다음은 학교별 급식학교수와 급식인력의 현황을 나타낸 자료이다. 이에 대한 설명으로 옳지 않은 것은?

〈학교별 급식학교수와 급식인력 현황〉

(단위 : 개, 명)

구분	급식학교 수	직종					
		영양사			조리사	조리보조원	총계
		정규직	비정규직	소계			
초등학교	5,417	3,377	579	3,956	4,955	25,273	34,184
중학교	2,492	626	801	1,427	1,299	10,147	12,873
고등학교	1,951	1,097	603	1,700	1,544	12,485	15,729
특수학교	129	107	6	113	135	211	459
전체	9,989	5,207	1,989	7,196	7,933	48,116	63,245

① 급식인력은 4개의 학교 중 초등학교가 가장 많다.
② 4개의 학교 모두 급식인력(영양사, 조리사, 조리보조원) 중 조리보조원이 차지하는 비율이 가장 높다.
③ 중학교 정규직 영양사는 고등학교 비정규직 영양사보다 23명 더 많다.
④ 특수학교는 4개의 학교 중 유일하게 정규직 영양사보다 비정규직 영양사가 더 적다.

32 다음은 전 세계에서 남아프리카공화국이 차지하는 광물 보유량의 비중 및 생산량의 비중과 미국의 남아프리카공화국 광물 수입의존도를 나타낸 자료이다. 이에 대한 설명으로 옳은 것은?

〈남아프리카공화국 광물 현황〉

(단위 : %)

구분	전 세계 광물 보유량 중 남아프리카공화국 광물 보유량	전 세계 광물 생산량 중 남아프리카공화국 광물 생산량	미국의 남아프리카공화국 광물 수입의존도
다이아몬드	67	7	15
백금	67	81	–
크롬	56	84	42
바나듐	38	47	15
망간	33	71	15
우라늄	24	14	15
금	–	55	47

① 남아프리카공화국은 망간 수출로 가장 많은 수입을 얻는다.
② 미국은 남아프리카공화국으로부터 가장 많은 다이아몬드를 수입한다.
③ 남아프리카공화국의 금 생산량은 세계에서 가장 많다.
④ 남아프리카공화국이 생산하는 크롬의 반을 미국이 수입한다.

33 다음은 연도별 기온 추이에 대한 자료이다. 이에 대한 설명으로 옳지 않은 것은?

〈연도별 기온 추이〉

(단위 : ℃)

구분	2020년	2021년	2022년	2023년	2024년
연평균	13.3	12.9	12.7	12.4	12.3
봄	12.5	12.6	10.8	11	12.2
여름	23.7	23.3	24.9	24	24.7
가을	15.2	14.8	14.5	15.3	13.7
겨울	1.9	0.7	−0.4	−0.4	−1

① 2024년 봄 평균 기온은 2022년보다 1.4℃ 상승했다.
② 2024년 가을 평균 기온이 전년도에 비해 하강한 정도는 여름 평균 기온이 상승한 정도를 초과한다.
③ 연평균 기온은 계속해서 하강하고 있다.
④ 가을 평균 기온은 계속해서 하강하고 있다.

34 다음은 2021 ~ 2024년의 계급별 사병봉급 추이에 대한 자료이다. 이에 대한 설명으로 옳은 것은?

〈계급별 사병봉급 추이〉

(단위 : 천 원, %)

구분		2021년	2022년	2023년	2024년
봉급	병장	97.5	100.0	100	120.0
	상병	88	93.7	97.5	117
	일병	79.5	84.7	88.2	105.8
	이병	73.5	78.3	81.5	97.8
인상률		0	6	4	20

① 사병봉급의 인상률은 매년 증가하는 추세이다.
② 2024년 일병의 월급은 158,000원이다.
③ 2023년 상병의 월급은 97,500원으로 2022년에 비해 6% 인상했다.
④ 사병봉급은 2024년 가장 높은 인상률을 보였다.

35 다음은 업종별 해외 현지 자회사 법인 현황에 대한 자료이다. 이에 대한 설명으로 옳지 않은 것은?

〈업종별 해외 현지 자회사 법인 현황〉

(단위 : 개, %)

구분	사례 수	진출 형태별					
		단독법인	사무소	합작법인	지분투자	유한회사	무응답
전체	387	47.6	20.4	7.8	1	0.8	22.4
주조	4	36	36	–	–	–	28
금형	92	35.4	44.4	14.9	1.7	–	3.5
소성가공	30	38.1	–	15.2	–	–	46.7
용접	128	39.5	13.1	–	1.7	–	45.7
표면처리	133	66.4	14.8	9	–	2.4	7.3
열처리	–	–	–	–	–	–	–

① 단독법인 형태의 소성가공 업체의 수는 10개 이상이다.
② 모든 업종에서 단독법인 형태로 진출한 현지 자회사 법인의 비율이 가장 높다.
③ 표면처리 업체의 해외 현지 자회사 법인 중 유한회사의 형태인 업체는 2곳 이상이다.
④ 전체 업체 중 용접 업체의 해외 현지 자회사 법인의 비율은 30% 이상이다.

36 다음은 2019 ~ 2024년의 공급원별 골재 채취 현황(구성비)에 대한 자료이다. 이에 대한 설명으로 옳지 않은 것은?

〈공급원별 골재 채취 현황(구성비)〉

(단위 : %)

구분	2019년	2020년	2021년	2022년	2023년	2024년
하천골재	16.6	19.8	21.3	14.8	17	9.9
바다골재	25.7	20.1	17.6	25.6	25	31.1
산림골재	48.8	53.1	54.5	52.5	52	53.4
육상골재	8.9	7	6.6	7.1	6	5.6
합계	100	100	100	100	100	100

※ 골재 : 하천·산림·공유수면 기타 지상·지하 등에 부존되어 있는 암석(쇄석용에 한함)·모래 또는 자갈로서 건설공사의 기초재료로 쓰이는 것
※ 골재 채취 : 골재를 캐거나 들어내는 등 자연 상태로부터 분리하는 것

① 하천골재가 차지하는 비중은 2021년에 가장 높고, 2024년에 가장 낮다.
② 공급원별 골재 채취 현황에서 다른 골재에 비해 산림골재가 차지하는 비중이 매년 가장 높다.
③ 2021년 산림골재가 차지하는 비중은 2019년 육상골재가 차지하는 비중의 8배 이상이다.
④ 2023년과 비교했을 때, 바다골재는 2024년에 차지하는 비중이 6.1%p 증가했다.

37 다음은 국가별 연구비에 대한 부담원과 사용 조직을 나타낸 자료이다. 이에 대한 설명으로 옳은 것은?

〈국가별 연구비 부담원 및 사용 조직〉

(단위 : 억 엔)

부담원	사용조직	일본	미국	독일	프랑스	영국
정부	정부	8,827	33,400	6,590	7,227	4,278
	산업	1,028	71,300	4,526	3,646	3,888
	대학	10,921	28,860	7,115	4,424	4,222
산업	정부	707	0	393	52	472
	산업	81,161	145,000	34,771	11,867	16,799
	대학	458	2,300	575	58	322

① 독일 정부가 부담하는 연구비는 미국 정부가 부담하는 연구비의 약 절반이다.

② 정부 부담 연구비 중에서 산업의 사용 비율이 가장 높은 나라는 프랑스이다.

③ 산업이 부담하는 연구비를 산업 조직이 가장 높은 비율로 사용하는 나라는 프랑스이다.

④ 미국의 대학이 사용하는 연구비는 일본의 대학이 사용하는 연구비의 두 배 미만이다.

38 다음은 S식당의 연도별 일평균 판매량을 나타낸 자료이다. 전년 대비 일평균 판매량 증가율이 가장 높은 해는?

〈연도별 일평균 판매량〉

(단위 : 개)

① 2020년

② 2021년

③ 2023년

④ 2024년

※ 다음은 2024년 범죄유형별 두려움에 대한 자료이다. 이어지는 질문에 답하시오. [39~40]

〈2024년 범죄유형별 두려움〉

(단위 : 명)

두려움 유형	전혀 그렇지 않다	그렇지 않은 편이다	보통이다	그런 편이다	매우 그렇다
절도	3,605	7,240	3,519	2,004	189
강도	3,728	7,467	3,351	1,826	185
폭행	3,670	7,294	3,415	1,897	281
사기	3,771	7,309	3,462	1,785	230
기물파손	4,129	7,516	3,291	1,431	190
가택침입	3,384	6,239	3,329	3,014	591
협박	5,093	7,226	2,870	1,138	230
성폭행	1,904	3,474	1,811	1,200	249

39 다음 위 자료에 대한 〈보기〉의 설명 중 옳지 않은 것을 모두 고르면?

─〈보기〉─

ㄱ. 절도에 대하여 '보통이다'라고 응답한 사람의 수는 '매우 그렇다'라고 응답한 사람 수의 20배 이상이다.

ㄴ. 기물파손에 대하여 '매우 그렇다'라고 응답한 사람의 수는 성폭행에 대하여 '매우 그렇다'라고 응답한 사람의 수보다 많다.

ㄷ. 가택침입에 대하여 '전혀 그렇지 않다'라고 응답한 사람의 수는 강도에 대하여 '그런 편이다'라고 응답한 사람의 수보다 많다.

ㄹ. 모든 유형에서 '전혀 그렇지 않다'라고 응답한 사람의 수가 두 번째로 많다.

① ㄱ, ㄴ   ② ㄱ, ㄷ

③ ㄴ, ㄷ   ④ ㄴ, ㄹ

40 위 자료의 두려움 유형들 중 두 번째로 많은 사람들이 '그렇지 않은 편이다'라고 대답한 두려움 유형은?

① 절도   ② 강도

③ 폭행   ④ 사기

※ 일정한 규칙으로 수를 나열할 때, 빈칸에 들어갈 수로 알맞은 것을 고르시오. [1~7]

01

| | 14 | 18 | 26 | 42 | 74 | 138 | ( ) | |

① 212   ② 248
③ 266   ④ 312

02

13   76   63 -80 -110 -30 -27 ( )   23

① -14 ② -4
③ 4   ④ 14

03

| | 121 | 121 | 243 | 484 | 487 | ( ) | 975 | |

① 964   ② 1,000
③ 1,024   ④ 1,089

04

3	-6	-12	24	18	-36	-42	( )	78

① -84 ② -72

③ 72   ④ 84

05

$\dfrac{2}{3}$	$\dfrac{10}{21}$	$\dfrac{10}{27}$	$\dfrac{10}{33}$	$\dfrac{10}{39}$	$\dfrac{10}{45}$	( )	$\dfrac{10}{57}$	$\dfrac{10}{63}$

① $\dfrac{10}{49}$ ② $\dfrac{10}{51}$

③ $\dfrac{10}{52}$ ④ $\dfrac{10}{54}$

06

4	5	9	14	23	37	( )	97	157	254

① 52   ② 55

③ 58   ④ 60

07

0	0.01	0.05	0.14	0.3	0.55	( )	1.4	2.04

① 0.72   ② 0.85

③ 0.91   ④ 1.04

08

ㄴ ㅁ ㅈ ㅎ ㅂ ( )

① ㅍ   ② ㅂ
③ ㅈ   ④ ㄱ

09

휴 유 츄 츄 뷰 튜 뉴 ( )

① 큐   ② 슈
③ 듀   ④ 휴

10

ㅑ ㅓ ㅗ ㅠ ( )

① ㅑ   ② ㅕ
③ ㅛ   ④ ㅣ

11

a ㄱ 2 c ㅁ 8 m ( ) 34 c

① ㅊ   ② ㅎ
③ ㅅ   ④ ㅌ

12

b e n o ( ) a

① p   ② q
③ r   ④ s

※ 다음 〈조건〉을 보고 ?에 들어갈 도형을 고르시오. [13~14]

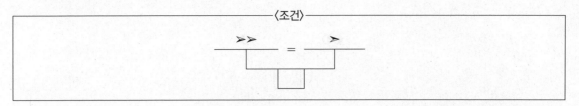

13

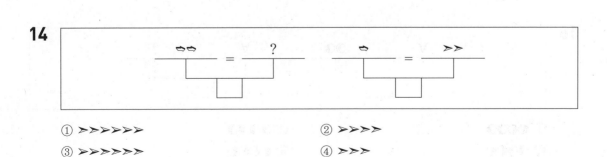

① ＞＞＞ 　　　② ＞＞＞＞
③ ＞＞＞＞＞ 　② ＞＞＞

14

① ＞＞＞＞＞＞ 　　② ＞＞＞＞
③ ＞＞＞＞＞＞ 　　④ ＞＞＞

※ 다음 〈조건〉을 보고 ?에 들어갈 도형을 고르시오. [15~16]

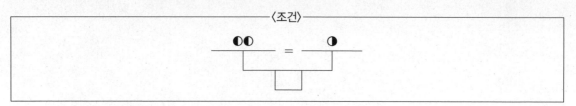

15

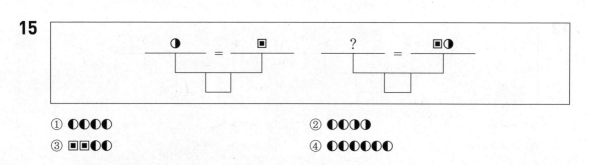

① ◖●◑◗
② ◖●◗◐
③ ■■◗◐
④ ◖◗◐●◑

16

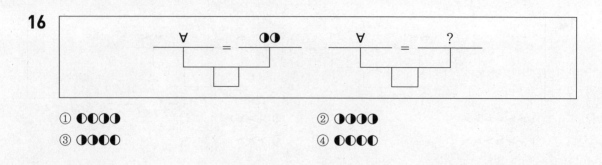

① ◖●◗◐
② ◐●◗◖
③ ◑●◗◖
④ ◑●◐◗

※ 다음 〈조건〉을 보고 ?에 들어갈 도형을 고르시오. [17~18]

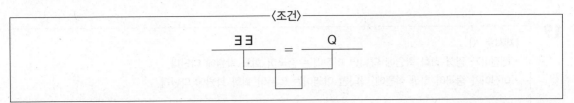

17

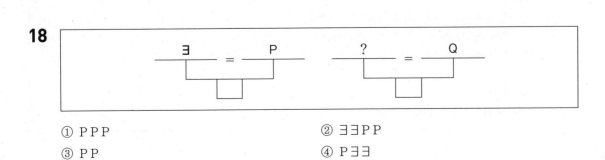

① Qㅋ
② ㅋQQ
③ QQ
④ Q

18

① PPP
② ㅋㅋPP
③ PP
④ Pㅋㅋ

※ [제시문 A]를 읽고, [제시문 B]가 참인지 거짓인지 혹은 알 수 없는지 고르시오. [19~22]

19

[제시문 A]
• 혜진이가 영어 회화 학원에 다니면 미진이는 중국어 회화 학원에 다닌다.
• 미진이가 중국어 회화 학원에 다니면 아영이는 일본어 회화 학원에 다닌다.

[제시문 B]
아영이가 일본어 회화 학원에 다니지 않으면 혜진이는 영어 회화 학원에 다니지 않는다.

① 참   ② 거짓   ③ 알 수 없음

20

[제시문 A]
• 바이올린을 연주할 수 있는 사람은 피아노를 연주할 수 있다.
• 플루트를 연주할 수 있는 사람은 트럼펫을 연주할 수 있다.
• 피아노를 연주할 수 없는 사람은 트럼펫을 연주할 수 없다.

[제시문 B]
플루트를 연주할 수 있는 사람은 피아노를 연주할 수 있다.

① 참   ② 거짓   ③ 알 수 없음

21

[제시문 A]
• A가게의 매출액보다 B가게의 매출액이 더 많다.
• B가게의 매출액보다 C가게의 매출액이 더 많다.
• D가게의 매출액이 A ~ D가게 중 가장 많다.

[제시문 B]
B가게의 매출액은 두 번째로 많다.

① 참   ② 거짓   ③ 알 수 없음

22

> [제시문 A]
> • 스페인의 수도 마드리드에서는 매년 세계 최고의 요리행사인 '마드리드 퓨전'이 열린다.
> • 2010년 마드리드 퓨전의 주빈국은 호주, 2012년의 주빈국은 대한민국이다.
>
> [제시문 B]
> 마드리드 퓨전의 주빈국은 격년으로 바뀐다.

① 참   ② 거짓   ③ 알 수 없음

※ 다음 명제를 읽고 각 문제가 항상 참이면 ①, 거짓이면 ②, 알 수 없으면 ③을 고르시오. **[23~24]**

> • 영어를 잘하면 중국어를 못한다.
> • 스페인어를 잘하면 영어를 잘한다.
> • 일본어를 잘하면 스페인어를 잘한다.

23 스페인어를 잘하면 중국어를 못한다.

① 참   ② 거짓   ③ 알 수 없음

24 일본어를 잘하면 중국어를 못한다.

① 참   ② 거짓   ③ 알 수 없음

- 올해 한국의 GDP 순위는 세계 12위이다.
- 프랑스의 GDP 순위는 한국보다 여섯 계단 더 높다.
- 한국 바로 앞 순위는 러시아이다.
- 브라질의 GDP 순위는 프랑스보다 낮지만, 러시아보다는 높다.
- 한국, 프랑스, 러시아, 브라질, 영국 다섯 국가 중 영국의 GDP 순위가 가장 높다.

25 다섯 국가 중 순위가 가장 낮은 나라는 한국이다.

① 참 　　　　　　② 거짓 　　　　　　③ 알 수 없음

26 브라질의 GDP 순위는 10위 이내이다.

① 참 　　　　　　② 거짓 　　　　　　③ 알 수 없음

27 영국의 GDP 순위는 세계 1위이다.

① 참 　　　　　　② 거짓 　　　　　　③ 알 수 없음

- A, B, C, D, E, F, G는 게스트하우스에서 1층에 방 3개, 2층에 방 2개를 빌렸다.
- 1인용 방은 꼭 혼자 사용해야 하고, 2인용 방은 혼자 또는 두 명이 사용할 수 있다.
- 1인용 방은 각 층에 하나씩 있으며 F, D가 사용한다.
- A와 F는 2층을 사용한다.
- B와 G는 같은 방을 사용한다.
- C와 E는 다른 층에 있다.

28 1층에는 5명이 있다.

① 참   ② 거짓   ③ 알 수 없음

29 A는 혼자 방을 사용한다.

① 참   ② 거짓   ③ 알 수 없음

30 C는 1층 방을 사용한다.

① 참   ② 거짓   ③ 알 수 없음

31

- 원숭이는 기린보다 키가 크다.
- 기린은 하마보다 몸무게가 더 나간다.
- 원숭이는 기린보다 몸무게가 더 나간다.

① 원숭이는 하마보다 키가 크다.
② 원숭이는 하마보다 몸무게가 더 나간다.
③ 기린은 하마보다 키가 크다.
④ 하마는 기린보다 몸무게가 더 나간다.

32

- 경환은 덕진의 손자이다.
- 수환은 휘영의 아들이다.
- 진철은 경환의 아버지이다.
- 휘영은 덕진의 형이다.

① 휘영은 진철의 조카이다.
② 휘영은 경환의 삼촌이다.
③ 덕진은 수환의 삼촌이다.
④ 진철은 수환이보다 나이가 적다.

33

- 신혜와 유민이 앞에 사과, 포도, 딸기가 놓여있다.
- 사과, 포도, 딸기 중에는 각자 좋아하는 과일이 반드시 있다.
- 신혜는 사과와 포도를 싫어한다.
- 유민이가 좋아하는 과일은 신혜가 싫어하는 과일이다.

① 신혜는 좋아하는 과일이 없다.
② 유민이가 딸기를 좋아하는지 알 수 없다.
③ 신혜는 딸기를 좋아한다.
④ 유민이와 신혜가 같이 좋아하는 과일이 있다.

34

- 갑과 을 앞에 감자칩, 쿠키, 비스킷이 놓여 있다.
- 세 가지의 과자 중에는 각자 좋아하는 과자가 반드시 있다.
- 갑은 감자칩과 쿠키를 싫어한다.
- 을이 좋아하는 과자는 갑이 싫어하는 과자이다.

① 갑은 좋아하는 과자가 없다.
② 갑은 비스킷을 싫어한다.
③ 을은 비스킷을 싫어한다.
④ 갑과 을이 같이 좋아하는 과자가 있다.

35 다음 자동차 외판원인 A~F 여섯 명의 판매실적 비교에 대하여 바르게 추론한 것은?

> • A는 B보다 실적이 좋다.
> • C는 D보다 실적이 나쁘다.
> • E는 F보다 실적이 나쁘지만, A보다는 실적이 좋다.
> • B는 D보다 실적이 좋지만, E보다는 실적이 나쁘다.

① 실적이 가장 좋은 외판원은 F이다.
② 외판원 C의 실적은 꼴찌가 아니다.
③ B의 실적보다 안 좋은 외판원은 3명이다.
④ 외판원 E의 실적이 가장 좋다.

36 S사 제품 판매점을 둘러보던 현수가 다음으로부터 추론할 수 있는 것은?

> • S사의 냉장고 A/S 기간은 세탁기 A/S 기간보다 길다.
> • 에어컨의 A/S 기간은 냉장고의 A/S 기간보다 길다.
> • 컴퓨터의 A/S 기간은 3년으로 세탁기의 A/S 기간보다 짧다.

① 세탁기의 A/S 기간은 3년 이하이다.
② 세탁기의 A/S 기간이 가장 짧다.
③ 컴퓨터의 A/S 기간이 가장 짧다.
④ 냉장고의 A/S 기간이 가장 길다.

37 다음 A~D 네 사람 중 두 사람만 진실을 말하고 있다고 할 때, 진실을 말하는 두 사람으로 바르게 짝지어진 것은?

> • A : B는 거짓말을 하지 않아.
> • B : C의 말은 거짓이야.
> • C : D의 말은 진실이야.
> • D : C는 진실을 말하고 있어.

① A, B   ② A, C
③ B, D   ④ C, D

※ 다음 명제로부터 이끌어낼 수 있는 결론으로 가장 적절한 것을 고르시오. [38~40]

38

> • 달리기를 못하면 건강하지 않다.
> • 홍삼을 먹으면 건강하다.
> • 달리기를 잘하면 다리가 길다.

① 건강하지 않으면 다리가 길다.
② 다리가 길지 않으면 홍삼을 먹지 않는다.
③ 달리기를 잘하면 홍삼을 먹는다.
④ 다리가 길면 홍삼을 먹는다.

39

> • 마라톤을 좋아하는 사람은 체력이 좋고, 인내심도 있다.
> • 몸무게가 무거운 사람은 체력이 좋다.
> • 명랑한 사람은 마라톤을 좋아한다.

① 체력이 좋은 사람은 인내심이 없다.
② 인내심이 없는 사람은 명랑하지 않다.
③ 마라톤을 좋아하는 사람은 몸무게가 가볍다.
④ 몸무게가 무겁지 않은 사람은 인내심이 있다.

40

> • 재은이는 화요일에 월요일보다 50m 더 달려 200m를 달렸다.
> • 재은이는 수요일에 화요일보다 30m 적게 달렸다.
> • 재은이는 목요일에 수요일보다 10m 더 달렸다.

① 재은이는 목요일에 가장 많이 달렸다.
② 재은이는 목요일에 화요일보다 20m 적게 달렸다.
③ 재은이는 월요일에 수요일보다 50m 적게 달렸다.
④ 재은이는 목요일에 가장 적게 달렸다.

※ 다음 〈보기〉는 밀가루를 이용한 음식이다. 이어지는 질문에 답하시오. **[1~3]**

─〈보기〉─

　㉠ 피자　　　　　　　　　　　　　㉡ 파스타
　㉢ 수제비　　　　　　　　　　　　㉣ 식빵

01　다음 설명에 해당하는 것을 〈보기〉에서 고르면?

　• 이탈리아식 국수. 밀가루를 달걀에 반죽하여 만든다.
　• 마카로니, 스파게티 따위가 대표적이다.

① ㉠　　　　　　　　　　　　　　② ㉡
③ ㉢　　　　　　　　　　　　　　④ ㉣

02　다음 설명에 해당하는 것을 〈보기〉에서 고르면?

　• 밀가루를 반죽하여 맑은장국이나 미역국 따위에 적당한 크기로 떼어 넣어 익힌 음식이다.

① ㉠　　　　　　　　　　　　　　② ㉡
③ ㉢　　　　　　　　　　　　　　④ ㉣

03　다음 설명에 해당하는 것을 〈보기〉에서 고르면?

　• 밀가루에 효모를 넣고 반죽하여 구워 낸 주식용 빵이다.

① ㉠　　　　　　　　　　　　　　② ㉡
③ ㉢　　　　　　　　　　　　　　④ ㉣

※ S씨는 개인정보 보호를 위해 회원가입한 각 사이트마다 비밀번호를 다르게 입력하되, 이를 잊어버리지 않도록 비밀번호를 다음 규칙에 따라 메모하였다. 이어지는 질문에 답하시오. **[4~6]**

〈규칙〉

1. 한글 자음은 ㄱ ~ ㅎ은 ㄷ ~ ㄴ로 순서대로 치환하여 입력한다. → ㄱ=ㄷ, ㄴ=ㄹ, ㄷ=ㅁ, …, ㅌ=ㅎ, ㅍ=ㄱ, ㅎ=ㄴ
2. 한글 모음 중 ㅏ, ㅓ, ㅗ, ㅜ는 순서대로 ㅗ, ㅜ, ㅏ, ㅓ로 치환하여 입력한다.
3. 알파벳 대문자는 소문자로 치환하여 입력한다.
4. 치환 전 알파벳 소문자 중 모음 a, e, I, o, u만 각각 순서대로 월, 화, 수, 목, 금으로 치환하여 입력하되, 치환하여 입력한 월, 화, 수, 목, 금 뒤에는 !를 붙인다.

04 S씨가 학교 홈페이지 비밀번호에 대해 '우리song금!인가'라고 메모를 해놨을 때, 학교 홈페이지의 비밀번호는? (단, 치환 전 소문자는 알파벳 중 가장 마지막 자리 하나였다)

① 처비SONGu칠도
② 처비SONGU듯칠도
③ 버니SONGu빟포
④ 버니SONGU빟포

05 비밀번호가 다음과 같을 때 이에 대한 메모로 옳지 않은 것은?

① No킹2 → n목!꽃2
② 돌Bir05 → 맙b수!r05
③ 안벽Dday2 → 출연dd월!y2
④ TAKEpic → t월!k화!p수!c

06 S씨가 비밀번호를 다음과 같은 문장으로 만들었다면, 이에 대한 메모로 옳은 것은?

손으로만드는하트는좋아한다는거야

① 졸츠보살ㅁ를나흐를콘차날마를더챠
② 졸츠보살ㅁ를나흐를칸초놀모를두챠
③ 잘츠바솔ㅁ를노흐를콘차날마를더챠
④ 잘츠바솔ㅁ를노흐를칸초놀모를두챠

※ 제시된 도형과 동일한 도형을 〈보기〉에서 찾아 몇 번째 위치하는지 고르시오(단, 가장 왼쪽 도형을 시작 지점으로 한다). [7~10]

┌─────────────────────〈보기〉─────────────────────┐
│   Å   ⇧   ∠   ∀   ♧   †   :   √   │
└───┘

07
┌───┐
│   √   │
└───┘

① 5번째   ② 6번째
③ 7번째   ④ 8번째

08
┌───┐
│   ⇧   │
└───┘

① 1번째   ② 2번째
③ 7번째   ④ 8번째

09
┌───┐
│   ∀   │
└───┘

① 2번째   ② 4번째
③ 5번째   ④ 8번째

10
┌───┐
│   †   │
└───┘

① 3번째   ② 4번째
③ 6번째   ④ 7번째

11 다음 문자를 오름차순으로 나열하였을 때, 3번째에 오는 문자는?

나 마 자 파 하 라

① 나   ② 마
③ 파   ④ 라

12 다음 문자를 오름차순으로 나열하였을 때, 4번째에 오는 문자는?

O R X F I K

① R   ② F
③ X   ④ O

13 다음 문자를 오름차순으로 나열하였을 때, 3번째에 오는 문자는?

c k e u z y

① c   ② k
③ y   ④ e

14 다음 문자를 오름차순으로 나열하였을 때, 2번째에 오는 문자는?

ㅋ ㅌ ㅁ ㅂ ㅣ ㅇ

① ㅋ   ② ㅇ
③ ㅁ   ④ ㅌ

15 다음 문자를 오름차순으로 나열하였을 때, 3번째에 오는 문자는?

ㄱ	ㅈ	B	R	ㅗ	ㅣ

① ㄱ   ② ㅗ
③ B   ④ R

16 다음 문자를 내림차순으로 나열하였을 때, 4번째에 오는 문자는?

마	고	유	기	사	계

① 기   ② 고
③ 마   ④ 유

17 다음 문자를 내림차순으로 나열하였을 때, 5번째에 오는 문자는?

ㅎ	O	K	ㅌ	ㅊ	H

① O   ② ㅌ
③ K   ④ ㅊ

18 다음 문자를 내림차순으로 나열하였을 때, 3번째에 오는 문자는?

N L Y U C D

① N   ② L
③ U   ④ D

19 다음 문자를 내림차순으로 나열하였을 때, 3번째에 오는 문자는?

ㄱ ㅑ ㅁ ㅓ ㅌ ㅣ

① ㄱ   ② ㅓ
③ ㅣ   ④ ㅁ

20 다음 문자를 내림차순으로 나열하였을 때, 1번째에 오는 문자는?

ㄱ ㅈ ㄹ ㅠ ㅋ ㅣ

① ㅈ   ② ㅠ
③ ㅣ   ④ ㅋ

※ 다음 제시된 도형과 같은 것을 고르시오. [21~30]

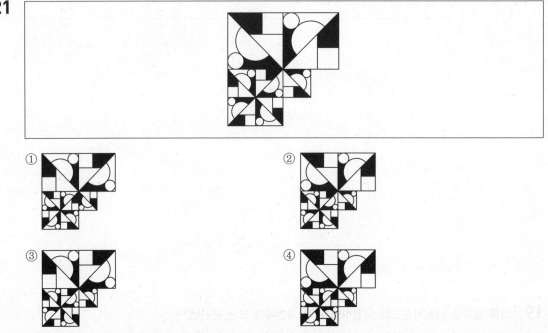

21

① ② ③ ④

22

① ② ③ ④

23

①

②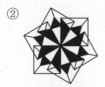

③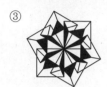

④

24

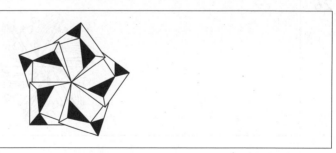

①

②

③

④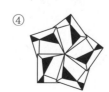

25

①

②

③

④

26

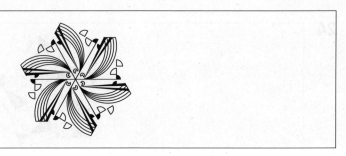

①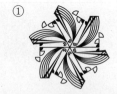

②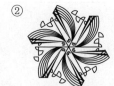

③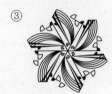

④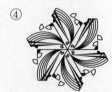

27

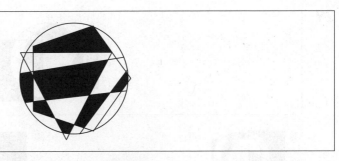

①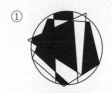

②

③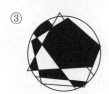

④

28

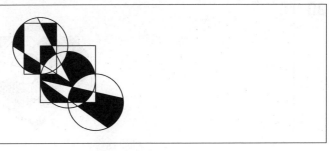

①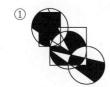

②

③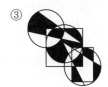

④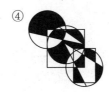

29

① 　　②

③ 　　④

30

① 　　②

③ 　　④

※ 다음 블록의 개수는 몇 개인지 고르시오(단, 보이지 않는 곳의 블록은 있다고 가정한다). [31~40]

31

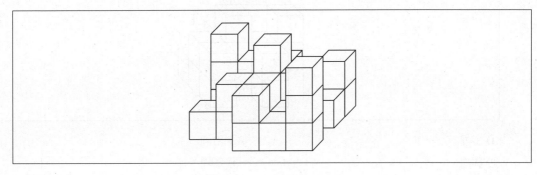

① 29개　　　　　　　　　　② 30개

③ 31개　　　　　　　　　　④ 32개

32

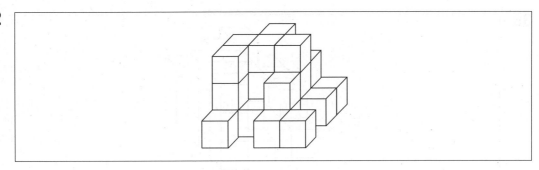

① 25개　　　　　　　　　　② 26개

③ 27개　　　　　　　　　　④ 28개

33

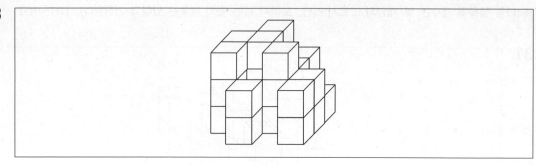

① 32개   ② 31개

③ 30개   ④ 29개

34

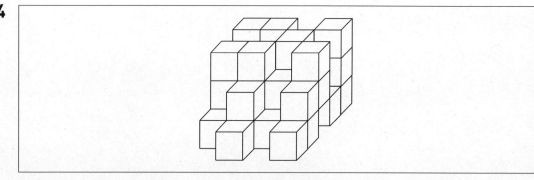

① 36개   ② 37개

③ 38개   ④ 39개

35

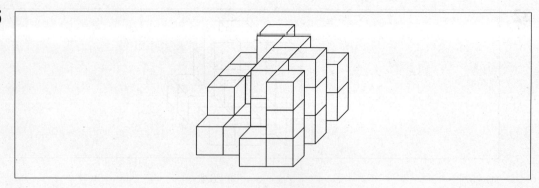

① 34개   ② 35개

③ 36개   ④ 37개

36

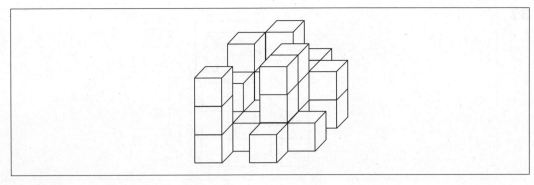

① 32개   ② 33개

③ 34개   ④ 35개

37

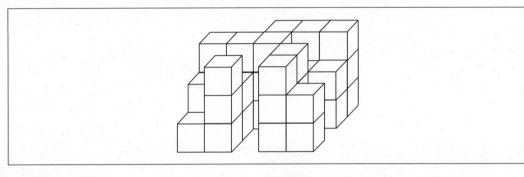

① 45개   ② 44개

③ 43개   ④ 42개

38

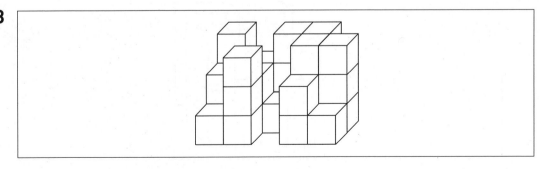

① 26개   ② 27개

③ 28개   ④ 29개

39

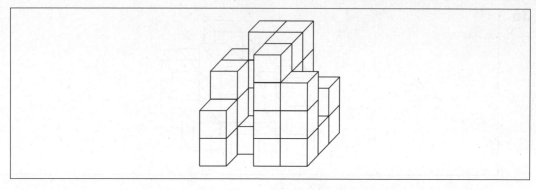

① 30개　　　　　　　　② 31개
③ 32개　　　　　　　　④ 33개

40

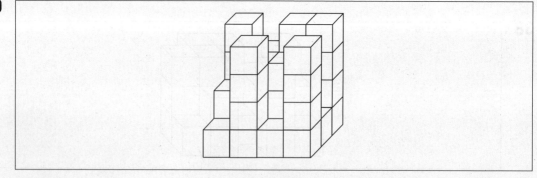

① 34개　　　　　　　　② 33개
③ 32개　　　　　　　　④ 31개

2일 차
기출응용 모의고사

〈문항 수 및 시험시간〉

삼성 온라인 GSAT 5급		
영역	문항 수	영역별 제한시간
수리능력검사	40문항	15분
추리능력검사	40문항	20분
지각능력검사	40문항	10분

2일 차 기출응용 모의고사

문항 수 : 120문항
시험시간 : 45분

제 1영역 수리능력검사

※ 다음 식을 계산한 값으로 옳은 것을 고르시오. [1~10]

01

$$\frac{27}{3}\times 8+70+(10^2+70\times 60)$$

① 3,442 ② 4,442
③ 5,442 ④ 6,442

02

$$43\times 42+41$$

① 1,847 ② 1,848
③ 1,840 ④ 1,857

03

$$169+494\times 4-2,045$$

① 98 ② 99
③ 100 ④ 101

04

$5.393+4.384-2.184$

① 7.263   ② 7.373
③ 7.483   ④ 7.593

05

$451-89+949$

① 1,211   ② 1,311
③ 1,411   ④ 1,511

06

$56\times44+14$

① 2,378   ② 2,478
③ 2,578   ④ 2,678

07

$1,231+8,487+2,143$

① 11,861   ② 12,861
③ 13,861   ④ 14,861

08

$(16\times5\div4)\times7$

① 110   ② 120
③ 130   ④ 140

09

$$523-23\times12$$

① 237   ② 247

③ 257   ④ 267

10

$$13\times13-255\div5-13$$

① 103   ② 104

③ 105   ④ 106

11 남자 5명, 여자 5명으로 이루어진 팀에서 2명의 팀장을 뽑으려고 한다. 이때 팀장 2명이 모두 여자로만 구성될 확률은?

① $\dfrac{2}{9}$ ② $\dfrac{2}{5}$

③ $\dfrac{4}{9}$ ④ $\dfrac{3}{5}$

12 영희가 등산을 하는데 올라갈 때 이용하는 길보다 내려갈 때 이용하는 길이 3km 더 길었다. 산에 올라갈 때는 2km/h의 속력으로 걸었고, 내려갈 때는 4km/h의 속력으로 걸어서 총 3시간이 걸렸다고 할 때, 영희가 등산한 거리는?

① 8km   ② 9km

③ 10km   ④ 12km

13 어떤 시험에서 A~C 세 사람이 합격할 확률은 각각 $\dfrac{1}{3}$, $\dfrac{1}{4}$, $\dfrac{1}{5}$일 때, B만 합격할 확률은?

① $\dfrac{1}{60}$ ② $\dfrac{1}{4}$

③ $\dfrac{2}{15}$ ④ $\dfrac{3}{5}$

14 지역별 조기 축구 대회가 S고등학교 경기장에서 열린다. 경기는 토너먼트 방식으로 진행되며 한 경기마다 고등학교에 경기장 이용료를 2,000원씩 지불해야 한다. 총 20개의 팀이 경기에 참가했다면 학교에 지불해야 하는 금액은?(단, 3·4위전은 고려하지 않고, 동점자는 없다)

① 36,000원   ② 37,000원

③ 38,000원   ④ 39,000원

15 강아지와 닭이 총 20마리가 있는데 다리 수를 더해보니 총 46개였다. 이 중 강아지는 몇 마리인가?

① 3마리   ② 4마리

③ 5마리   ④ 6마리

16 5명으로 이루어진 남성 신인 아이돌 그룹의 모든 멤버 나이의 합은 105살이다. 5명 중 3명의 나이는 5명의 평균 나이와 같고, 가장 큰 형의 나이가 24살일 때, 막내의 나이는?

① 18살   ② 19살

③ 20살   ④ 21살

17 톱니 수가 각각 6개, 8개, 10개, 12개인 톱니바퀴 A ~ D 4개가 일렬로 있다. A는 B와 맞닿아있고, B는 A, C와, C는 B, D와 맞닿아있다. A가 12바퀴 회전했을 때, B와 D는 각각 몇 회전하는가?

① 6회전, 10회전   ② 9회전, 6회전

③ 6회전, 8회전   ④ 9회전, 5회전

18 같은 공원에서 A씨는 강아지와 함께 2일마다, B씨는 혼자 3일마다 산책을 한다. A는 월요일에, B는 그 다음 날에 산책했다면 처음으로 A와 B가 만나는 날은 무슨 요일인가?

① 수요일   ② 목요일

③ 금요일   ④ 토요일

19 가로, 세로, 높이가 각각 39cm, 65cm, 91cm인 직육면체 모양의 벽이 있다. 최소한의 정육면체 타일로 이 벽을 채우고자 할 때, 정육면체 타일의 한 변의 길이는?

① 13cm ② 14cm

③ 15cm ④ 16cm

20 S씨는 대학에서 총점 10점 만점 중 평균 점수가 8점 이상이 되어야 졸업할 수 있다. S씨를 심사하는 교수는 총 3명이고 현재 2명의 교수가 7.5점, 6.5점을 각각 부여하였을 때, 마지막 교수가 몇 점 이상을 주어야만 S씨는 졸업할 수 있는가?

① 10점 ② 20점

③ 30점 ④ 40점

21 다음은 2024년의 예식장 사업 형태에 대한 자료이다. 이에 대한 설명으로 옳지 않은 것은?

〈예식장 사업 형태〉

(단위 : 개, 십억 원)

구분	개인경영	회사법인	회사 이외의 법인	비법인 단체	합계
사입제 +	900	50	85	15	1,050
매출	270	40	17	3	330
비용	150	25	10	2	187

※ $\{수익률(\%)\} = \left\{ \dfrac{(매출)}{(비용)} - 1 \right\} \times 100$

① 예식장 사업은 대부분 개인경영 형태로 이루어지고 있다.

② 사업체 1개당 매출액이 가장 큰 예식장 사업 형태는 회사법인이다.

③ 수익률이 가장 높은 예식장 사업 형태는 회사법인이다.

④ 개인경영 형태의 예식장 수익률은 비법인 단체 형태의 예식장 수익률의 2배 미만이다.

22 다음은 2022년 상반기 ~ 2024년 하반기까지 내용별 이메일 수신량 비율 추이를 나타낸 자료이다. 이에 대한 설명으로 옳은 것은?

〈내용별 이메일 수신량 비율 추이〉

(단위 : %)

구분	2022년 상반기	2022년 하반기	2023년 상반기	2023년 하반기	2024년 상반기	2024년 하반기
성인 스팸 이메일	14	11.5	26.5	49	21	29.5
대출·금융 스팸 이메일	1	2	10.5	8	2	0.5
일반 이메일	85	86.5	63	43	77	70
합계	100	100	100	100	100	100

① 일반 이메일의 경우 2023년 하반기부터 수신량 비율이 계속 증가하고 있다.

② 성인 스팸 이메일 수신량은 2022년 상반기보다 2024년 하반기에 더 많았다.

③ 2023년 하반기 대출·금융 스팸 이메일 수신량 비율은 전년 하반기 수신량 비율의 4배이다.

④ 성인 스팸 이메일 수신량 비율은 2022년 상반기 대비 2024년 상반기에 60% 이상 증가하였다.

23 다음은 연도별 전국 풍수해 규모에 대한 자료이다. 이에 대한 설명으로 옳은 것은?

〈전국 풍수해 규모〉

(단위 : 억 원)

구분	2015년	2016년	2017년	2018년	2019년	2020년	2021년	2022년	2023년	2024년
태풍	118	1,609	8	–	1,725	2,183	8,037	17	53	134
호우	9,063	435	581	2,549	1,808	5,282	384	1,555	1,400	14
대설	60	74	36	128	663	477	204	119	324	130
강풍	140	69	11	70	2	5	267	9	1	39
풍랑	57	331	–	241	70	3	–	–	–	3
전체	9,438	2,518	636	2,988	4,268	7,950	8,892	1,700	1,778	320

① 2016년 ~ 2024년 동안 연도별로 발생한 전체 풍수해 규모의 전년 대비 증감 추이는 태풍으로 인한 풍수해 규모의 증감 추이와 같다.

② 풍랑으로 인한 풍수해 규모는 매년 가장 작았다.

③ 2024년 호우로 인한 풍수해 규모의 전년 대비 감소율은 97% 미만이다.

④ 전체 풍수해 규모에서 대설로 인한 풍수해 규모가 차지하는 비중은 2022년이 2020년보다 크다.

24 다음은 청소년의 경제의식에 대한 설문조사 결과를 정리한 자료이다. 이에 대한 설명으로 옳은 것은?(단, 복수 응답과 무응답은 없다)

〈경제의식에 대한 설문조사 결과〉

(단위 : %)

설문 내용	구분	전체	성별		학교별	
			남	여	중학교	고등학교
용돈을 받는지 여부	예	84	83	86	88	80
	아니요	16	17	14	12	20
월간 용돈 금액	5만 원 미만	75	74	76	90	60
	5만 원 이상	25	26	24	10	40
금전출납부 기록 여부	기록한다	30	23	36	31	28
	기록하지 않는다	70	77	64	69	72

① 용돈을 받는 남학생의 비율이 용돈을 받는 여학생의 비율보다 높다.
② 월간 용돈을 5만 원 미만으로 받는 비율은 중학생이 고등학생보다 높다.
③ 고등학생 전체 인원을 100명이라고 한다면, 월간 용돈을 5만 원 이상 받는 학생은 40명이다.
④ 금전출납부는 기록하는 비율이 기록하지 않는 비율보다 높다.

25 다음은 연도별 농산물 수입 실적을 나타낸 자료이다. 이에 대한 설명으로 옳지 않은 것은?

〈농산물 수입 실적〉

(단위 : 만 톤, 천만 달러)

구분		2019년	2020년	2021년	2022년	2023년	2024년
농산물 전체	물량	2,450	2,510	2,595	3,160	3,250	3,430
	금액	620	810	1,175	1,870	1,930	1,790
곡류	물량	1,350	1,270	1,175	1,450	1,480	1,520
	금액	175	215	305	475	440	380
과실류	물량	65	75	65	105	95	130
	금액	50	90	85	150	145	175
채소류	물량	40	75	65	95	90	110
	금액	30	50	45	85	80	90

① 2024년 농산물 전체 수입 물량은 2019년 대비 40% 증가하였다.
② 곡류의 수입 물량은 지속적으로 줄어들었지만, 수입 금액은 지속적으로 증가하였다.
③ 2024년 과실류의 수입 금액은 2019년 대비 250% 급증하였다.
④ 곡류, 과실류, 채소류 중 2019년 대비 2024년에 수입 물량이 가장 많이 증가한 것은 곡류이다.

26 다음은 연도별 황사 발생 횟수와 지속 일수에 대한 자료이다. 이에 대한 설명으로 옳지 않은 것은?

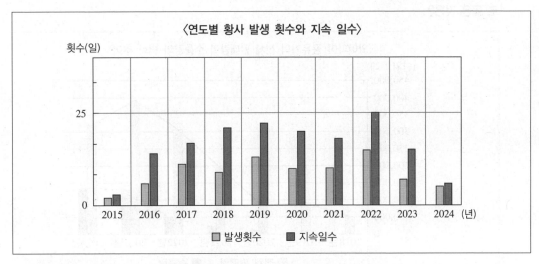

〈연도별 황사 발생 횟수와 지속 일수〉

① 황사의 지속 일수는 2022년에 25일로 가장 높았다.
② 황사의 발생 횟수는 2017년에 최고치를 기록했다.
③ 2022년 이후 연도별 황사 발생 횟수는 감소하는 추세이다.
④ 2022년 이후 연도별 황사 지속 일수는 감소하는 추세이다.

27 다음은 연도별 주택전세가격 동향에 대한 자료이다. 이에 대한 설명으로 옳지 않은 것은?

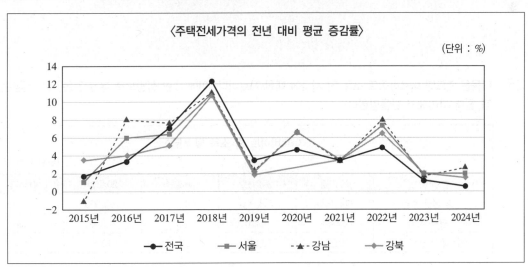

〈주택전세가격의 전년 대비 평균 증감률〉

① 전국 주택전세가격은 2015년부터 2024년까지 매년 증가하고 있다.
② 2018년 강북의 주택전세가격은 2016년과 비교해 20% 이상 증가했다.
③ 2021년 이후 서울의 주택전세가격 증가율은 전국 평균 증가율보다 높다.
④ 강남 지역 주택전세가격의 전년 대비 증가율이 가장 높은 시기는 2018년이다.

28 다음은 연도별 와이파이 공유기의 전체 판매량과 수출량의 변화 추이를 나타낸 자료이다. 이에 대한 설명으로 옳은 것은?

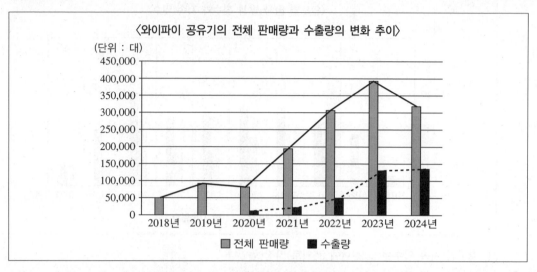

① 전체 판매량은 2020 ~ 2024년까지 매년 증가하였다.

② 전체 판매량 중 수출량은 2020년에서 2023년까지 매년 증가하였다.

③ 2021 ~ 2022년 사이 수출량의 증가폭이 가장 컸다.

④ 전체 판매량이 가장 많은 해는 2024년이다.

29 다음은 연도별 아르바이트 소득 및 시급에 대한 자료이다. 이에 대한 설명으로 옳은 것은?(단, 비율은 소수점 둘째 자리에서 반올림한다)

〈아르바이트 월 소득 및 시급〉

(단위 : 원, 시간)

구분	2020년	2021년	2022년	2023년	2024년
월 평균 소득	669,000	728,000	733,000	765,000	788,000
평균 시급	6,030	6,470	7,530	8,350	8,590
주간 평균 근로 시간	21.8	22.3	22.4	19.8	18.9

① 2021 ~ 2024년 동안 전년 대비 주간 평균 근로 시간의 증감 추이는 월 평균 소득의 증감 추이와 같다.

② 전년 대비 2022년 평균 시급 증가액은 전년 대비 2023년 증가액의 3배 이상이다.

③ 평균 시급이 높아질수록 주간 평균 근로 시간은 줄어든다.

④ 2023년 대비 2024년 월 평균 소득 증가율은 평균 시급 증가율보다 높다.

30 다음은 2024년의 11월 시도별 이동자 수 및 이동률에 대한 자료이다. 이에 대한 설명으로 옳지 않은 것은?

〈11월 시도별 이동자 수(총 전입)〉

(단위 : 명)

구분	전국	서울	부산	대구	인천	광주
이동자 수	650,197	132,012	42,243	28,060	40,391	17,962

〈11월 시도별 이동률(총 전입)〉

(단위 : %)

구분	전국	서울	부산	대구	인천	광주
이동자 수	1.27	1.34	1.21	1.14	1.39	1.23

① 서울의 총 전입자 수는 전국의 총 전입자 수의 약 20.3%이다.
② 서울, 부산, 대구, 인천, 광주 중 대구의 총 전입률이 가장 낮다.
③ 서울은 총 전입자 수와 총 전입률 모두 다른 지역에 비해 가장 높다.
④ 부산의 총 전입자 수는 광주의 총 전입자 수의 약 2.35배이다.

31 다음은 S사의 등급별 인원비율 및 성과 상여금에 대한 자료이다. 마케팅부서의 인원은 15명이고, 영업부서 인원은 11명일 때, 상여금에 대한 설명으로 옳지 않은 것은?(단, 인원은 소수점 첫째 자리에서 반올림한다)

〈등급별 인원비율 및 성과 상여금〉

(단위 : %, 만 원)

구분	S	A	B	C
인원비율	15	30	40	15
상여금	500	420	330	290

① 마케팅부서의 S등급 상여금을 받는 인원과 영업부서의 C등급 상여금을 받는 인원의 수가 같다.
② A등급 1인당 상여금은 B등급 1인당 상여금보다 약 27% 많다.
③ 영업부서 A등급과 B등급의 인원은 마케팅부서 인원보다 각각 2명씩 적다.
④ 영업부서에 지급되는 총 상여금은 마케팅부서 총 상여금보다 1,200만 원이 적다.

32 다음은 중성세제 브랜드별 용량 및 가격을 정리한 자료이다. 각 브랜드마다 용량에 대한 가격을 조정했을 때, 브랜드별 판매 가격 및 용량의 변경 전과 변경 후에 대한 판매 금액 차이가 바르게 짝지어진 것은?

〈브랜드별 중성세제 판매 가격 및 용량〉

(단위 : 원, L)

구분		1L 당 가격	용량		1L 당 가격	용량
A브랜드		8,000	1.3		8,200	1.2
B브랜드	변경 전	7,000	1.4	변경 후	6,900	1.6
C브랜드		3,960	2.5		4,000	2.0
D브랜드		4,300	2.4		4,500	2.5

	A브랜드	B브랜드	C브랜드	D브랜드
①	550원 증가	1,220원 감소	2,000원 증가	930원 증가
②	550원 감소	1,240원 증가	1,900원 증가	930원 증가
③	560원 감소	1,240원 증가	1,900원 감소	930원 증가
④	560원 증가	1,240원 감소	2,000원 감소	900원 감소

33 다음은 연도별 주요 온실가스의 연평균 농도 변화 추이를 나타낸 자료이다. 이에 대한 설명으로 옳지 않은 것은?

〈주요 온실가스 연평균 농도 변화 추이〉

구분	2018년	2019년	2020년	2021년	2022년	2023년	2024년
이산화탄소(CO_2, ppm)	387.2	388.7	389.9	391.4	392.5	394.5	395.7
오존전량(O_3, DU)	331	330	328	325	329	343	335

① 이산화탄소의 농도는 계속해서 증가하고 있다.
② 오존전량은 계속해서 증가하고 있다.
③ 2024년 오존전량은 2018년의 오존전량보다 4DU 증가했다.
④ 2024년 이산화탄소의 농도는 2019년보다 7ppm 증가했다.

34 다음은 전년 동월 대비 특허 심사 건수 증감 및 등록률 증감 추이를 나타낸 자료이다. 다음 〈보기〉의 설명 중 옳지 않은 것을 모두 고르면?

〈특허 심사 건수 증감 및 등록률 증감 추이(전년 동월 대비)〉

(단위 : 건, %)

구분	2024년 1월	2024년 2월	2024년 3월	2024년 4월	2024년 5월	2024년 6월
심사 건수 증감	125	100	130	145	190	325
등록률 증감	1.3	−1.2	−0.5	1.6	3.3	4.2

─〈보기〉─

ⓐ 2024년 3월에 전년 동월 대비 등록률이 가장 많이 낮아졌다.
ⓑ 2024년 6월의 심사 건수는 325건이다.
ⓒ 2024년 5월의 등록률은 3.3%이다.
ⓓ 2023년 1월 심사 건수가 100건이라면, 2024년 1월 심사 건수는 225건이다.

① ㄱ
② ㄱ, ㄴ
③ ㄱ, ㄹ
④ ㄱ, ㄴ, ㄷ

35 S사 홍보실의 A사원은 명절날 KTX 이용자들의 소비심리를 연구하기 위해 다음과 같은 4인 가족(어른 2명, 아동 2명)을 기준으로 귀성길 교통수단별 비용을 작성하였다. 이를 작성한 후 A사원의 분석으로 옳지 않은 것은?

〈4인 가족 귀성길 교통수단별 비용〉

(단위 : 원)

구분	경차	중형차	고속버스	KTX
어른요금(2명)	45,600	74,600	68,400	114,600
아동요금(2명)	12,500	25,100	34,200	57,200

※ 경차의 경우 4인 가족 승차 시 아동요금에서 30% 할인됨
※ 중형차의 경우 4인 가족 승차 시 아동요금에서 20% 할인됨
※ 고속버스의 경우 4인 가족 승차 시 전체요금에서 20% 할인됨
※ KTX의 경우 4인 가족 승차 시 전체요금에서 30% 할인됨

① 4인 가족이 중형차를 이용할 경우 94,680원의 비용이 든다.
② 4인 가족의 경우 KTX를 이용할 때 가장 비용이 많이 든다.
③ 4인 가족이 고속버스를 이용하는 것이 중형차를 이용하는 것보다 더 저렴하다.
④ 4인 가족의 경우 중형차를 이용하는 것이 세 번째로 비용이 많이 든다.

※ 다음은 지역별 독서동아리 참여 경험 비율에 대한 자료이다. 이어지는 질문에 답하시오. **[36~37]**

<지역별 독서동아리 참여 경험 비율>

(단위 : %)

지역	응답	
	있다	없다
소계	1.3	98.7
서울	2.5	97.5
부산	0	100
A	1.5	98.5
인천	4.5	95.5
광주	1.1	98.9
B	2.2	97.8
C	1.0	99.0
경기	0.7	99.3
충북	1.7	98.3
강원	1.0	99.0
충남	1.6	98.4
경북	2.6	97.4
D	2.1	97.9
전북	0.7	99.3
E	0.7	99.3
제주	1.6	98.4

※ 응답은 '있다'와 '없다' 중 꼭 하나를 답함

─────〈조건〉─────

• '있다'로 응답한 비율이 가장 높은 지역의 '있다' 응답 비율은 경남의 '있다' 응답 비율의 4배 이상이다.
• '있다' 응답 비율이 2.0%를 초과하는 지역은 서울, 인천, 대전, 경북, 전남이다.
• 대전의 '있다' 응답 비율은 경남의 3배를 초과한다.
• 대구는 '없다' 응답 비율이 아홉 번째로 낮다.
• A~E는 전남, 경남, 대전, 대구, 울산 중 각 한 곳에 해당한다.

36 위 〈조건〉에 따라 A~E에 해당하는 지역을 파악할 때, A에 해당하는 지역은?

① 전남
② 경남
③ 대전
④ 대구

37 기존 조사 자료에서 오류가 발견되어 일부 수치가 다음 〈보기〉와 같이 변경되었다. 정정된 자료에 따라 다시 A ~ E에 해당하는 지역을 파악할 때, C에 해당하는 지역은?

〈보기〉

(단위 : %)

구분	정정 전	정정 후
인천의 '있다' 응답 비율	4.5	3.8
인천의 '없다' 응답 비율	95.5	96.2
D의 '있다' 응답 비율	2.1	2.3
D의 '없다' 응답 비율	97.9	97.7

① 전남
② 경남
③ 울산
④ 대구

38 다음은 연도별 출생아 수 및 합계 출산율을 나타낸 자료이다. 이에 대한 설명으로 옳은 것은?

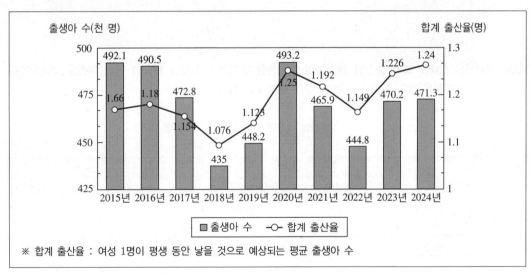

※ 합계 출산율 : 여성 1명이 평생 동안 낳을 것으로 예상되는 평균 출생아 수

① 2018년의 출생아 수는 2016년에 비해 약 0.6배로 감소하였다.
② 우리나라의 합계 출산율은 지속적으로 상승하고 있다.
③ 한 여성이 평생 동안 낳을 것으로 예상되는 평균 출생아 수는 2018년에 가장 낮다.
④ 2023년에 비해 2024년에는 합계 출산율이 0.024명 증가했다.

39 다음은 어느 지역의 주화 공급 현황에 대한 자료이다. 이에 대한 〈보기〉의 설명 중 옳은 것을 모두 고르면?

〈주화 공급 현황〉

구분	액면가				
	10원	50원	100원	500원	합계
공급량(십만 개)	340	215	265	180	1,000
공급기관 수(개)	170	90	150	120	530

※ (평균 주화 공급량) $= \dfrac{\text{(주화 종류별 공급량의 합)}}{\text{(주화 종류 수)}}$

※ (주화 공급액)＝(주화 공급량)×(액면가)

─────〈보기〉─────

ㄱ. 주화 공급량이 주화 종류별로 각각 20십만 개씩 증가한다면, 이 지역의 평균 주화 공급량은 270십만 개이다.

ㄴ. 주화 종류별 공급기관당 공급량은 10원 주화가 500원 주화보다 적다.

ㄷ. 10원과 500원 주화는 각각 10%씩, 50원과 100원 주화는 각각 20%씩 공급량이 증가한다면, 이 지역의 평균 주화 공급량의 증가율은 15% 이하이다.

① ㄱ, ㄴ   ② ㄱ, ㄷ

③ ㄴ, ㄷ   ④ ㄷ, ㄹ

---

40 S사원은 사내의 복지 증진과 관련하여 임직원을 대상으로 휴게실 확충에 대한 의견을 수렴하였다. 의견 수렴 결과가 다음과 같을 때, 이에 대한 해석으로 옳지 않은 것은?

〈휴게실 확충에 대한 본부별·별 찬반 의견〉

(단위 : 명)

구분	A본부		B본부	
	여성	남성	여성	남성
찬성	180	156	120	96
반대	20	44	80	104
합계	200	200	200	200

① 남성의 60% 이상이 휴게실 확충에 찬성하고 있다.

② A본부 여성의 찬성 비율이 B본부 여성의 찬성 비율보다 1.5배 높다.

③ B본부 전체인원 중 여성의 찬성률이 B본부 남성의 찬성률보다 보다 1.2배 이상 높다.

④ A, B본부 전체인원에서 찬성하는 사람의 수는 전체 성별 차이가 본부별 차이보다 크다.

제2영역 추리능력검사

※ 일정한 규칙으로 수를 나열할 때, 빈칸에 들어갈 수로 알맞은 것을 고르시오. [1~6]

01

| 5 | 9 | 21 | 57 | 165 | 489 | ( ) |

① 1,355   ② 1,402
③ 1,438   ④ 1,461

02

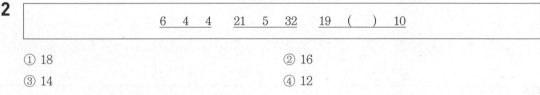

6 4 4   21 5 32   19 ( ) 10

① 18   ② 16
③ 14   ④ 12

03

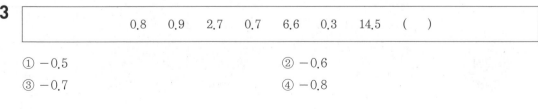

0.8   0.9   2.7   0.7   6.6   0.3   14.5   ( )

① −0.5   ② −0.6
③ −0.7   ④ −0.8

04

$$5 \quad 4 \quad 4\frac{1}{5} \quad 4\frac{4}{7} \quad 5 \quad (\quad) \quad 5\frac{12}{13} \quad 6\frac{2}{5}$$

① $5\frac{5}{11}$ ② $5\frac{6}{11}$

③ $5\frac{7}{11}$ ④ $5\frac{8}{11}$

05

$$\frac{1,000}{33} \quad \frac{994}{33} \quad \frac{994}{35} \quad \frac{988}{35} \quad \frac{988}{37} \quad \frac{982}{37} \quad \frac{982}{39} \quad \frac{976}{39} \quad \frac{976}{41} \quad (\quad)$$

① $\frac{973}{41}$ ② $\frac{970}{41}$

③ $\frac{973}{43}$ ④ $\frac{970}{43}$

06

$$2 \quad 12 \quad 32 \quad 72 \quad 152 \quad 312 \quad 632 \quad (\quad)$$

① 1,252   ② 1,262

③ 1,264   ④ 1,272

07 다음 수열의 11번째 항의 값은?

$$4 \quad 5 \quad 10 \quad 11 \quad 22 \quad 23 \quad \cdots$$

① 174   ② 178

③ 186   ④ 190

※ 일정한 규칙으로 문자를 나열할 때, 빈칸에 들어갈 문자로 알맞은 것을 고르시오(단, 모음은 일반모음 10개만 세는 것을 기준으로 한다). **[8~12]**

08

a	2	c	5	h	13	(	)	34

① k   ② n
③ q   ④ u

09

캐	해	새	채	매	애	(	)

① 매   ② 배
③ 래   ④ 채

10

3	F	9	O	24	M	63	(	)

① T   ② P
③ X   ④ Z

11

ㄱ	E	9	ㅍ	Q	21	ㅋ	(	)

① C   ② G
③ J   ④ V

12

ㄱ	3	ㅁ	7	ㅈ	11	ㅍ	(	)

① ㄱ   ② ㄷ
③ 15   ④ 21

※ 다음 〈조건〉을 보고 ?에 들어갈 도형을 고르시오. [13~14]

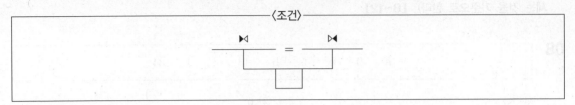

13

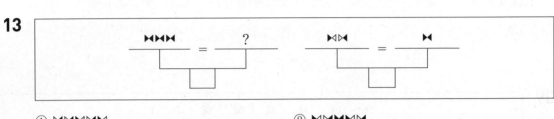

① ▷◁▷◁▷◁▷◁
② ▷◁▷◁▷◁▷◁
③ ▷◁▷◁▷◁
④ ▷◁▷◁▷◁▷◁

14

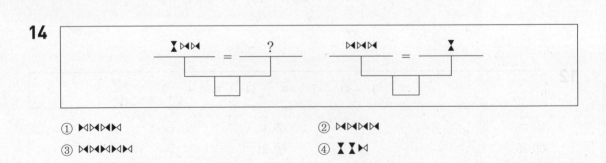

① ▷◁▷◁▷◁
② ▷◁▷◁▷◁
③ ▷◁▷◁▷◁▷◁
④ ▣▣▷◁

※ 다음 〈조건〉을 보고 ?에 들어갈 도형을 고르시오. [15~16]

─〈조건〉─

亠亠 ─── = ─── 亡

15

兀亠 ─── = ─── ?   亠亡 ─── = ─── 兀

① 亠亠亠   ② 亠亠亠亡
③ 亡亡   ④ 亡亡亡

16

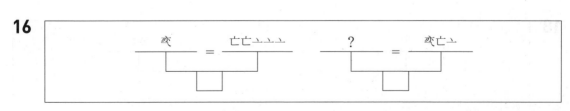

① 亠亠亠亠亠亡亡   ② 変亠亠
③ 亡亡亡亠亠亠亠亠   ④ 亡亡亡亡亡

※ 다음 〈조건〉을 보고 ?에 들어갈 도형을 고르시오. [17~18]

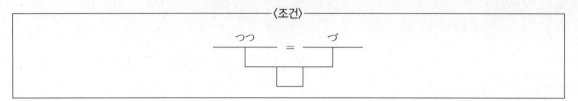

17

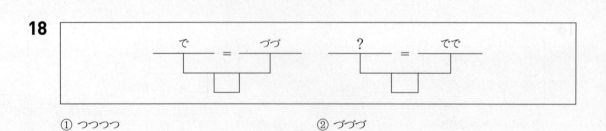

① つつつ

② つつつづ

③ つつて

④ つつつて

18

① つつつつ

② づづづ

③ でづつつ

④ でつつつ

※ [제시문 A]를 읽고, [제시문 B]가 참인지 거짓인지 혹은 알 수 없는지 고르시오. [19~23]

19

[제시문 A]
• 수진이는 2개의 화분을 샀다.
• 지은이는 6개의 화분을 샀다.
• 효진이는 화분을 수진이보다는 많이 샀지만, 지은이보다는 적게 샀다.

[제시문 B]
효진이는 4개 이하의 화분을 샀다.

① 참   ② 거짓   ③ 알 수 없음

20

[제시문 A]
• 안구 내 안압이 상승하면 시신경 손상이 발생한다.
• 시신경이 손상되면 주변 시야가 좁아진다.

[제시문 B]
안구 내 안압이 상승하면 주변 시야가 좁아진다.

① 참   ② 거짓   ③ 알 수 없음

21

[제시문 A]
• 사람에게서는 인슐린이라는 호르몬이 나온다.
• 인슐린은 당뇨병에 걸리지 않게 하는 호르몬이다.

[제시문 B]
인슐린이 제대로 생기지 않는 사람은 당뇨병에 걸리게 된다.

① 참   ② 거짓   ③ 알 수 없음

22

[제시문 A]
• A ~ D 4명은 각각 수리 영역에서 1 ~ 4등급을 받았고, 등급이 같은 사람은 없다.
• D보다 등급이 높은 사람은 2명 이상이다.
• D는 B보다 한 등급 높고, A는 C보다 한 등급 높다.

[제시문 B]
C는 수리 영역에서 3등급을 받았다.

① 참   ② 거짓   ③ 알 수 없음

23

[제시문 A]
• 독감에 걸리면 열이 난다.
• 독감 바이러스가 발견되지 않으면 열이 나지 않는다.
• 독감에 걸리지 않으면 기침을 하지 않는다.

[제시문 B]
기침을 하면 독감 바이러스가 발견된다.

① 참   ② 거짓   ③ 알 수 없음

※ 다음 명제를 읽고 각 문제가 항상 참이면 ①, 거짓이면 ②, 알 수 없으면 ③을 고르시오. [24~26]

- 흰 공의 둘레는 680mm이다.
- 검은 공의 둘레는 흰 공의 둘레보다 20mm 작다.
- 노란 공의 둘레는 흰 공과 검은 공보다 작다.
- 파란 공의 둘레는 650mm이다.
- 빨간 공의 둘레는 600mm 이하이다.

24 흰 공의 둘레가 가장 크다.

① 참   ② 거짓   ③ 알 수 없음

25 빨간 공의 둘레가 가장 작다.

① 참   ② 거짓   ③ 알 수 없음

26 노란 공과 검은 공의 둘레가 30mm 차이가 난다면, 노란 공의 둘레가 파란 공보다 크다.

① 참   ② 거짓   ③ 알 수 없음

※ 다음 명제를 읽고 각 문제가 항상 참이면 ①, 거짓이면 ②, 알 수 없으면 ③을 고르시오. [27~28]

- A~E 다섯 사람이 우산 세 개를 썼다.
- 한 우산은 최대 두 사람이 함께 쓸 수 있으며, 우산을 쓰지 않은 사람은 없다.
- A는 B와 우산을 같이 쓰지 않았다.
- B는 C와 우산을 같이 쓰지 않았다.
- A와 B 두 사람은 우산을 혼자 쓰지 않았다.

---

27 B가 D와 함께 우산을 썼다면, 우산을 혼자 쓴 사람은 C이다.

① 참   ② 거짓   ③ 알 수 없음

28 A가 D와 함께 우산을 썼다면, 우산을 혼자 쓴 사람은 C이다.

① 참   ② 거짓   ③ 알 수 없음

※ 다음 명제를 읽고 각 문제가 항상 참이면 ①, 거짓이면 ②, 알 수 없으면 ③을 고르시오. [29~31]

- B는 자식이 둘이다.
- A는 B의 딸이다.
- A와 C는 남매이다.
- D는 B의 외손녀이다.
- C는 E를 매제라 부른다.

---

29 E는 B의 사위이다.

① 참   ② 거짓   ③ 알 수 없음

30 D는 C의 딸이다.

① 참   ② 거짓   ③ 알 수 없음

31 C의 아들은 B의 외손자이다.

① 참   ② 거짓   ③ 알 수 없음

※ 다음 명제가 모두 참일 때, 반드시 참인 명제를 고르시오. [32~35]

32

- 도보로 걷는 사람은 자가용을 타지 않는다.
- 자전거를 타는 사람은 자가용을 탄다.
- 자전거를 타지 않는 사람은 버스를 탄다.

① 자가용을 타는 사람은 도보로 걷는다.
② 버스를 타지 않는 사람은 자전거를 타지 않는다.
③ 버스를 타는 사람은 도보로 걷는다.
④ 도보로 걷는 사람은 버스를 탄다.

33

- 다음은 서로 다른 밝기 등급(1~5등급)을 가진 A~E 별의 밝기를 측정하였다.
- 1등급이 가장 밝은 밝기 등급이다.
- A별은 가장 밝지도 않고, 두 번째로 밝지도 않다.
- B별은 C별보다 밝고, E별보다 어둡다.
- C별은 D별보다 밝고, A별보다 어둡다.
- E별은 A별보다 밝다.

① A별의 밝기 등급은 4등급이다.
② A~E 별 중 B별이 가장 밝다.
③ 어느 별이 가장 어두운지 확인할 수 없다.
④ 별의 밝기 등급에 따라 순서대로 나열하면 'E-B-A-C-D'이다.

34

감자꽃은 유채꽃보다 늦게 피고 일찍 진다.

① 유채꽃이 피기 전이라면 감자꽃도 피지 않았다.
② 감자꽃과 유채꽃은 동시에 피어있을 수 없다.
③ 감자꽃은 유채꽃보다 오랫동안 피어있다.
④ 유채꽃은 감자꽃보다 일찍 진다.

35

> • 축구를 잘하는 사람은 배구도 잘한다.
> • 농구를 못하는 사람은 야구도 못한다.
> • 배구를 못하는 사람은 농구도 못한다.

① 배구를 못하는 사람은 야구도 못한다.
② 축구를 잘하는 사람은 야구를 못한다.
③ 야구를 잘하는 사람은 축구를 못한다.
④ 농구를 못하는 사람은 축구를 잘한다.

36 S사에서는 사내 직원들의 친목 도모를 위해 산악회를 운영하고 있다. A ~ D 4명 중 최소 1명 이상이 산악회 회원이라고 할 때, 항상 참인 것은?

> • C가 산악회 회원이면 D도 산악회 회원이다.
> • A가 산악회 회원이면 D는 산악회 회원이 아니다.
> • D가 산악회 회원이 아니면 B가 산악회 회원이 아니거나 C가 산악회 회원이다.
> • D가 산악회 회원이면 B는 산악회 회원이고 C도 산악회 회원이다.

① A는 산악회 회원이다.
② B는 산악회 회원이 아니다.
③ C는 산악회 회원이 아니다.
④ B와 D의 산악회 회원 여부는 같다.

37 S씨가 요일별로 비타민 B, 비타민 C, 비타민 D, 칼슘, 마그네슘을 하나씩 먹는다고 할 때, 바르게 추론한 것은?

> • 비타민 C는 월요일에 먹지 않으며, 수요일에도 먹지 않는다.
> • 비타민 D는 월요일에 먹지 않으며, 화요일에도 먹지 않는다.
> • 비타민 B는 수요일에 먹지 않으며, 목요일에도 먹지 않는다.
> • 칼슘은 비타민 C와 비타민 D보다 먼저 먹는다.
> • 마그네슘은 비타민 D보다 늦게 먹고, 비타민 B보다는 먼저 먹는다.

① 마그네슘은 수요일에 먹는다.
② 칼슘은 비타민 C보다 먼저 먹지만, 마그네슘보다는 늦게 먹는다.
③ 마그네슘은 비타민 C보다 먼저 먹는다.
④ 월요일에는 칼슘, 금요일에는 비타민 B를 먹는다.

※ 다음 명제로부터 이끌어낼 수 있는 결론으로 가장 적절한 것을 고르시오. [38~39]

38

> • 과학 기술의 발전은 국가 발전의 원동력이다.
> • 앞으로도 계속적인 국가 발전을 도모해야 한다.
> • 과학 기술의 발전에는 인적 자원과 물적 자원이 필요하다.
> • 인구수에 비해 고급 과학 기술 인력은 상대적으로 부족하다.
> • 우리나라는 천연 부존자원이 절대적으로 부족한 국가이다.

① 국가 발전을 도모하기 위해서는 천연 자원을 수입하여 과학 기술 발전의 바탕을 튼튼히 해야 한다.

② 천연 자원이 부족한 현실에서 계속적인 국가 발전을 도모하기 위해서는 고급 인력을 양성해야 한다.

③ 국제화 시대를 맞이하여 인적 자원을 해외로 수출하는 대신 천연 부존자원의 수입을 확대해야 한다.

④ 과학 기술의 발전을 국가 발전으로 이어 나가려면 새로운 대체 에너지를 개발 하고 산아 제한을 실시해야 한다.

39

> • 등산을 좋아하는 사람은 스케이팅을 싫어한다.
> • 영화 관람을 좋아하지 않는 사람은 독서를 좋아한다.
> • 영화 관람을 좋아하지 않는 사람은 조깅 또한 좋아하지 않는다.
> • 낮잠 자기를 좋아하는 사람은 스케이팅을 좋아한다.
> • 스케이팅을 좋아하는 사람은 독서를 좋아한다.

① 영화 관람을 좋아하는 사람은 스케이팅을 좋아한다.

② 스케이팅을 좋아하는 사람은 낮잠 자기를 싫어한다.

③ 조깅을 좋아하는 사람은 독서를 좋아한다.

④ 낮잠 자기를 좋아하는 사람은 독서를 좋아한다.

40 다음 내용으로부터 바르게 추론한 것은?

> 지영이, 미주, 수진이는 각각 공책을 가지고 있다. 공책의 색은 다양하며, 보라색 공책은 두 명만 가지고 있다. 지영이는 보라색 공책도 가지고 있고, 미주는 보라색 공책만 가지고 있다. 수진이는 빨간색 공책도 가지고 있으며, 세 사람의 공책이 한 책상 위에 놓여 있다. 책상 위에 있는 공책은 모두 보라색이다.

① 지영이의 공책은 책상 위에 있다.

② 지영이의 빨간색 공책은 책상 위에 있다.

③ 수진이의 모든 공책은 책상 위에 있다.

④ 책상 위에 있는 모든 공책은 미주의 공책이다.

※ 다음 〈보기〉는 글로벌 소셜 네트워크 서비스(SNS) 명칭이다. 이어지는 질문에 답하시오. **[1~3]**

┌─────────────〈보기〉─────────────┐
ⓐ 인스타그램　　　　　　　　ⓑ 페이스북
ⓒ 틱톡　　　　　　　　　　　ⓓ 유튜브
└──────────────────────────────┘

01 다음 설명에 해당하는 것을 〈보기〉에서 고르면?

> • 구글에서 운영하는 동영상 공유 플랫폼이다.
> • 구독자가 100만 명을 넘으면 골드 버튼을 받을 수 있다.

① ⓐ ② ⓑ
③ ⓒ ④ ⓓ

02 다음 설명에 해당하는 것을 〈보기〉에서 고르면?

> • 메타에서 운영하는 세계 최대 이용자수를 보유한 SNS이다.
> • 2003년 마크 주커버그가 하버드대 동문들과 함께 '페이스 매시'라는 이름으로 서비스를 시작했다.

① ⓐ ② ⓑ
③ ⓒ ④ ⓓ

03 다음 설명에 해당하는 것을 〈보기〉에서 고르면?

> • 메타에서 운영하는 이미지 중심의 소셜 네트워크 서비스이다.
> • 즉석에서 사진을 볼 수 있게 한 방식의 카메라인 '인스턴트 카메라(Instant Camera)'와 전보를 보낸다는 의미의 '텔레그램(Telegram)'을 합쳐 만든 이름으로, 사진을 손쉽게 다른 사람들에게 전송한다는 뜻을 가지고 있다.

① ⓐ ② ⓑ
③ ⓒ ④ ⓓ

※ S씨는 다음 규칙에 따라 자신의 금고 암호를 요일별로 바꾸어 사용하려 한다. 이어지는 질문에 답하시오.
[4~6]

〈규칙〉

1. 한글 자음은 알파벳 a~n으로 치환하여 입력한다.
   예 ㄱ, ㄴ, ㄷ → a, b, c
   - 된소리 ㄲ, ㄸ, ㅃ, ㅆ, ㅉ는 치환하지 않고 그대로 입력한다.
2. 한글 모음 ㅏ, ㅑ, ㅓ, ㅕ, ㅗ, ㅛ, ㅜ, ㅠ, ㅡ, ㅣ는 알파벳 대문자 A~J로 치환하여 입력한다.
   예 ㅏ, ㅑ, ㅓ → A, B, C
   - 위에 해당하지 않는 모음은 치환하지 않고 그대로 입력한다.
3. 띄어쓰기는 반영하지 않는다.
4. 숫자 1~7을 요일별로 요일 순서에 따라 암호 첫째 자리에 입력한다.
   예 월요일 → 1, 화요일 → 2 … 일요일 → 7

---

04 S씨가 자신의 금고에 목요일의 암호인 '완벽해'를 치환하여 입력하려 할 때, 입력할 암호로 옳은 것은?

① 3hㅚbfDanㅐ
② 4hㅚbfDanㅐ
③ 4hEAbfDanㅐ
④ 4jJgAnㅐ

05 다음 중 암호와 치환하기 전의 문구가 바르게 연결된 것은?

① 7hEeFnAcA → 일요일의 암호 '조묘하다'
② 3iJfhㅔaAbcA → 수요일의 암호 '집에가다'
③ 2bAaAbEdcA → 화요일의 암호 '나가돌다'
④ 6cEbhIdeCahIe → 토요일의 암호 '돈을먹음'

06 S씨가 다음과 같은 암호를 입력하여 금고를 열었다고 할 때, 암호로 치환하기 전의 문구로 옳은 것은?

6hJdㅐcEaAenJaIeaEdIdhDdgGhJㅆcAaE

① 금요일 이래도 그래 금고를 열 수 있을까
② 토요일 그래도 어쭈 금고를 열 수 없다고
③ 토요일 이래도 감히 금고를 열 수 있다고
④ 토요일 이래서 오잉 금고를 열 수 있다고

※ 제시된 도형과 동일한 도형을 〈보기〉에서 찾아 몇 번째 위치하는지 고르시오(단, 가장 왼쪽 도형을 시작 지점으로 한다). [7~10]

```
─────────────── 〈보기〉 ───────────────
        ↑   ▨   ◆   ◑   ⊖   ♫   ◙   ∴
```

07

↑

① 1번째　　　　　　　　　　② 3번째
③ 4번째　　　　　　　　　　④ 5번째

08

◆

① 1번째　　　　　　　　　　② 3번째
③ 4번째　　　　　　　　　　④ 4번째

09

◙

① 1번째　　　　　　　　　　② 3번째
③ 7번째　　　　　　　　　　④ 8번째

10

♫

① 1번째　　　　　　　　　　② 3번째
③ 6번째　　　　　　　　　　④ 7번째

11 다음 문자를 오름차순으로 나열하였을 때, 4번째에 오는 문자는?

ㅇ ㅎ ㅅ ㅓ ㅑ ㅁ

① ㅓ   ② ㅁ
③ ㅇ   ④ ㅅ

12 다음 문자를 오름차순으로 나열하였을 때, 4번째에 오는 문자는?

J V E W Q I

① Q   ② J
③ V   ④ W

13 다음 문자를 오름차순으로 나열하였을 때, 2번째에 오는 문자는?

M P E F X Z

① E   ② M
③ P   ④ F

14 다음 문자를 오름차순으로 나열하였을 때, 3번째에 오는 문자는?

민 말 멋 문 메 물

① 문   ② 메
③ 멋   ④ 물

15 다음 문자를 오름차순으로 나열하였을 때, 3번째에 오는 문자는?

K ㅈ H ㅅ J ㅌ

① ㅌ   ② K
③ ㅈ   ④ J

16 다음 문자를 내림차순으로 나열하였을 때, 6번째에 오는 문자는?

ㅈ D E ㅏ ㅂ ㅍ

① ㅏ   ② D
③ ㅂ   ④ ㅈ

17 다음 문자를 내림차순으로 나열하였을 때, 5번째에 오는 문자는?

어 유 으 이 여 요

① 어   ② 유
③ 여   ④ 요

18 다음 문자나 수를 내림차순으로 나열하였을 때, 5번째에 오는 문자나 수는?

19 T 1 E H 25

① H   ② 19
③ E   ④ 25

19 다음 문자를 내림차순으로 나열하였을 때, 3번째에 오는 문자는?

아 하 다 자 바 마

① 아 ② 하

③ 다 ④ 자

20 다음 문자를 내림차순으로 나열하였을 때, 6번째에 오는 문자는?

B ㅈ O ㅊ P ㅂ

① B ② ㅈ

③ O ④ P

※ 다음 제시된 도형과 같은 것을 고르시오. [21~25]

21

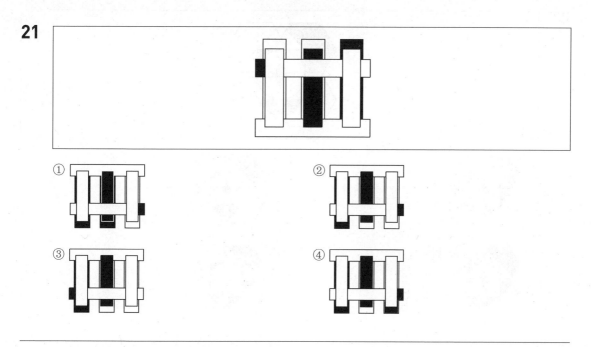

22

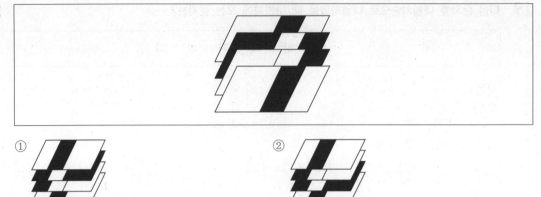

①

②

③

④

23

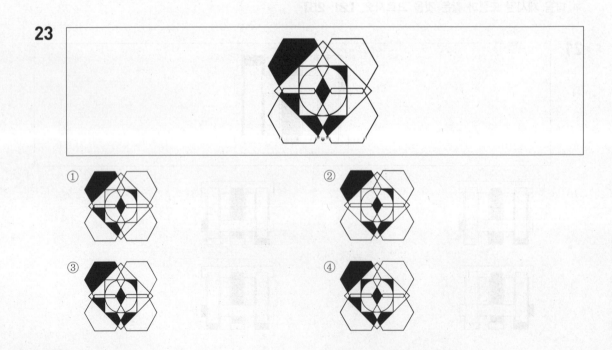

① ②

③ ④

24

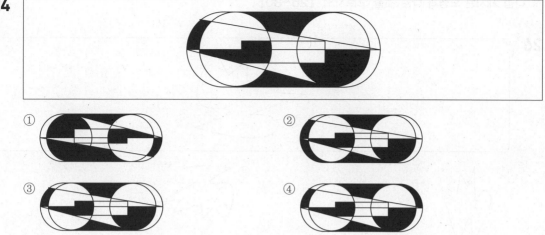

① ② ③ ④

25

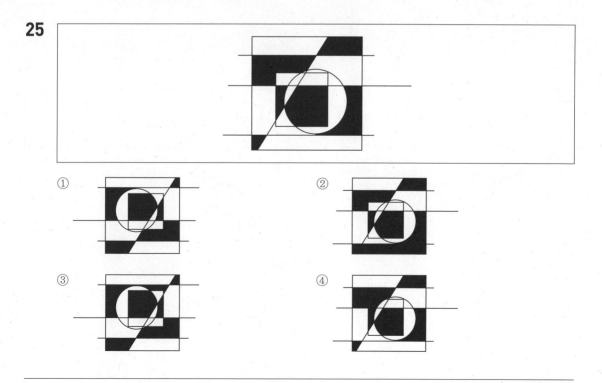

① ② ③ ④

26

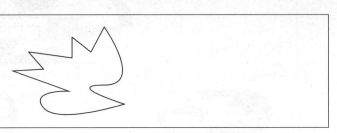

①   ②

③   ④

27

①   ②

③   ④

28

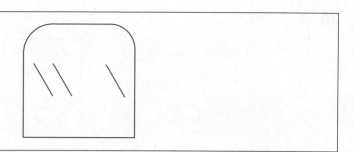

①

②

③

④

29

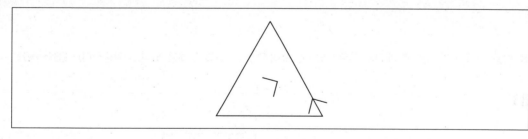

①

②

③

④

30

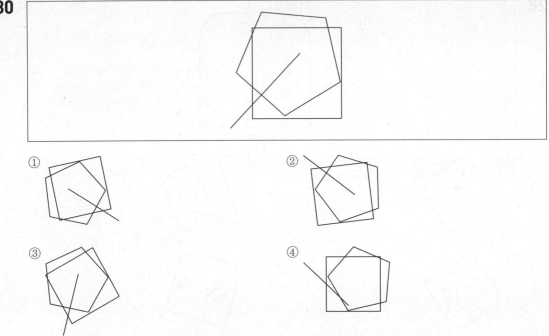

① ② ③ ④

※ 다음 블록의 개수는 몇 개인지 고르시오(단, 보이지 않는 곳의 블록은 있다고 가정한다). [31~40]

31

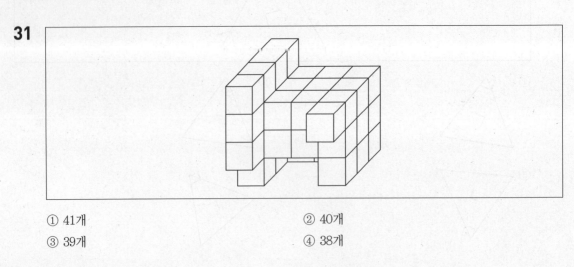

① 41개 ② 40개
③ 39개 ④ 38개

32

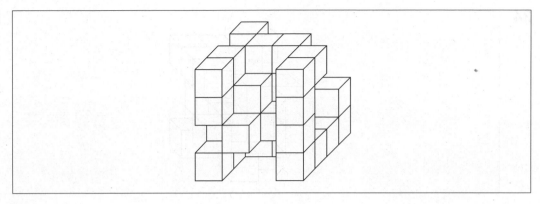

① 41개   ② 40개

③ 39개   ④ 38개

33

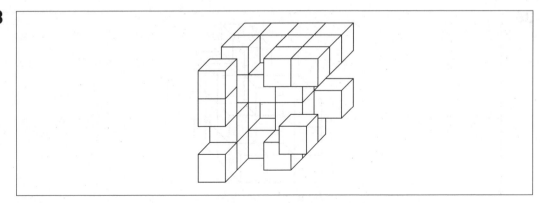

① 37개   ② 36개

③ 35개   ④ 34개

34

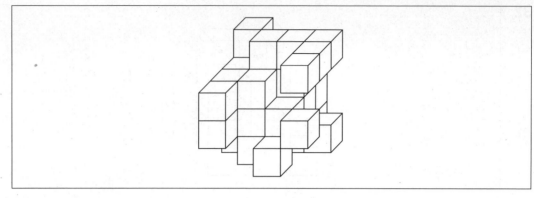

① 37개   ② 36개
③ 35개   ④ 34개

35

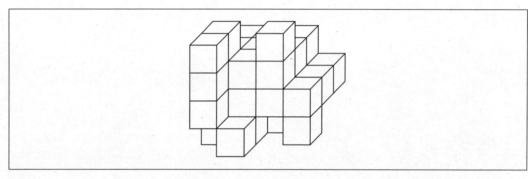

① 37개   ② 36개
③ 35개   ④ 34개

36

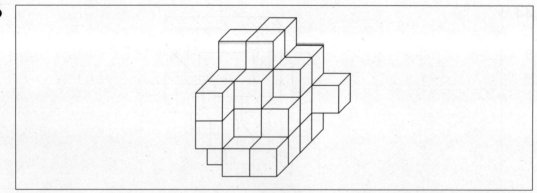

① 37개   ② 36개
③ 35개   ④ 34개

37

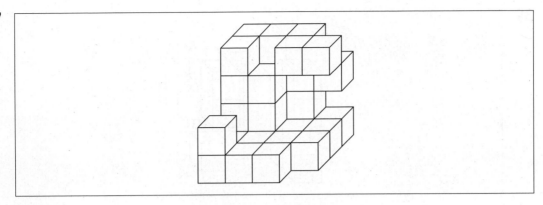

① 34개
③ 32개
② 33개
④ 31개

38

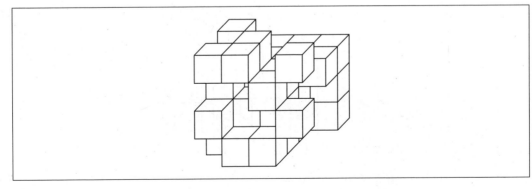

① 43개
③ 41개
② 42개
④ 40개

39

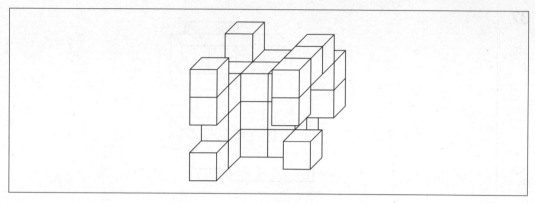

① 35개

② 34개

③ 33개

④ 32개

40

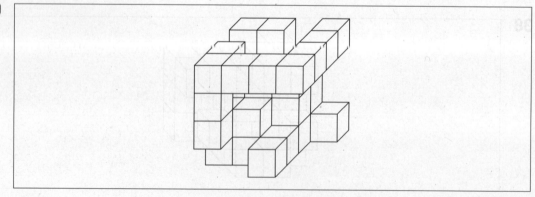

① 39개

② 38개

③ 37개

④ 36개

3일 차
기출응용 모의고사

〈문항 수 및 시험시간〉

삼성 온라인 GSAT 5급		
영역	문항 수	영역별 제한시간
수리능력검사	40문항	15분
추리능력검사	40문항	20분
지각능력검사	40문항	10분

3일 차 기출응용 모의고사

문항 수 : 120문항
시험시간 : 45분

제1영역 수리능력검사

※ 다음 식을 계산한 값으로 옳은 것을 고르시오. [1~10]

01

$$455 \div 50 + 0.1 \times 9 + 2.5 \times 4$$

① 18
② 19
③ 20
④ 21

02

$$2 + 52 + 64 \div 8$$

① 60
② 61
③ 62
④ 63

03

$$565 - 231 + 12 \times 2$$

① 328
② 338
③ 348
④ 358

04

$$0.311+0.12+0.24\div2$$

① 0.351 ② 0.451

③ 0.551 ④ 0.651

05

$$412-393+332\times2$$

① 682 ② 683

③ 684 ④ 685

06

$$34\times31-48\div8+33$$

① 1,080 ② 1,081

③ 1,082 ④ 1,083

07

$$455-341+34\times2$$

① 181 ② 182

③ 183 ④ 184

08

$$1+11-111+1,111$$

① 1,000 ② 1,012

③ 1,100 ④ 1,111

09

$$112+119+114-111$$

① 233   ② 234

③ 235   ④ 236

10

$$124-246-468+680$$

① 60   ② 70

③ 80   ④ 90

11 주머니에 1 ~ 10까지의 숫자가 적힌 각각의 카드가 들어있다. 재영이가 주머니에서 카드를 3번 뽑는다고 할 때, 1 ~ 3의 숫자가 적힌 카드 중 하나 이상을 뽑을 확률은?(단, 꺼낸 카드는 다시 넣지 않는다)

① $\dfrac{5}{8}$ ② $\dfrac{17}{24}$

③ $\dfrac{19}{24}$ ④ $\dfrac{7}{8}$

12 6명의 수영 선수들과 함께 본선 경기를 진행하려고 한다. 본선 경기는 3명씩 2팀으로 먼저 나눠서 진행되며 토너먼트 방식이다. 예선 경기에서 1위, 2위를 한 A, B는 각 팀에 부전승으로 올라갈 수 있도록 자리를 우선으로 배정하였을 때, 가능한 대진표의 경우의 수는?

① 2가지   ② 4가지

③ 6가지   ④ 8가지

13 집에서 회사까지 자동차를 타고 시속 60km로 갈 때와 시속 50km로 갈 때 걸리는 시간이 10분 차이가 난다면, 집에서 회사까지의 거리는?

① 40km
② 50km
③ 60km
④ 70km

14 S대리가 10km인 산책로를 시속 3km의 속력으로 걷다가 중간에 시속 6km로 뛰어 2시간 만에 완주할 때, 시속 6km로 뛰어간 거리는?

① 4km
② 6km
③ 8km
④ 10km

15 S씨는 25% 농도의 코코아 700mL를 즐겨 마신다. S씨가 마시는 코코아에 들어간 코코아 분말의 양은? (단, 1mL=1g이다)

① 170g
② 175g
③ 180g
④ 185g

16 테니스 동아리에서 테니스장 사용료를 내려고 한다. 모두 같은 금액으로 한 명당 5,500원씩 내면 3,000원이 남고, 5,200원씩 내면 300원이 부족하다고 할 때, 테니스장 사용료는?

① 37,500원
② 47,500원
③ 57,500원
④ 67,500원

17 아버지는 45세, 아들은 13세이다. 아버지의 나이가 아들의 나이의 3배가 되는 때는 몇 년 후인가?

① 1년 후   ② 2년 후

③ 3년 후   ④ 4년 후

18 120에 자연수 하나를 곱하여 제곱수가 되도록 할 때, 곱할 수 있는 자연수 중 가장 작은 자연수는?

① 18   ② 22

③ 26   ④ 30

19 톱니가 각각 24개, 60개인 두 톱니바퀴 A, B가 서로 맞물려 회전하고 있다. 이 두 톱니바퀴가 한 번 맞물린 후 같은 톱니에서 처음으로 다시 맞물리려면 톱니바퀴 A는 최소한 몇 바퀴 회전해야 하는가?

① 2바퀴   ② 3바퀴

③ 5바퀴   ④ 6바퀴

20 P지역의 사람들 중 폐렴 보균자일 확률은 20%이고, 항생제 내성이 있을 확률은 75%이다. 이 지역에서 항생제 내성이 있는 사람들 중 폐렴 보균자인 사람의 확률은?(단, 두 사건은 독립사건이다)

① 20%   ② 25%

③ 30%   ④ 35%

21 S전자회사는 LED를 생산할 수 있는 기계 A ～ C 3대를 가지고 있다. 기계에 따른 불량률이 다음과 같을 때, 3대를 모두 하루 동안 가동할 경우 전체 불량률은?

〈기계별 하루 생산량 및 불량률〉

(단위 : %)

구분	하루 생산량	불량률
A기계	500개	5
B기계	A기계보다 10% 더 생산	2
C기계	B기계보다 50개 더 생산	5

① 1%
② 2%
③ 3%
④ 4%

22 다음은 A, B국가의 사회이동에 따른 계층 구성 비율의 변화를 나타낸 자료이다. 2014년과 비교한 2024년 계층 구성 비율에 대한 설명으로 옳은 것은?

〈2014년 사회이동에 따른 계층 구성 비율〉

구분	A국가	B국가
상층	7%	17%
중층	67%	28%
하층	26%	55%

〈2024년 사회이동에 따른 계층 구성 비율〉

구분	A국가	B국가
상층	18%	23%
중층	23%	11%
하층	59%	66%

① A국가의 상층 비율은 9%p 증가하였다.
② 두 국가의 중층 비율 증감 폭은 서로 같다.
③ A국가의 하층 비율 증가 폭은 B국가의 증가 폭보다 크다.
④ B국가에서는 가장 높은 비율을 차지하는 계층이 바뀌었다.

23 다음은 2021~2024년의 주요 국가별 자국 영화 점유율을 나타낸 자료이다. 이에 대한 설명으로 옳지 않은 것은?

〈주요 국가별 자국 영화 점유율〉

(단위 : %)

구분	2021년	2022년	2023년	2024년
한국	50	42	48	46
일본	47	51	58	53
영국	28	31	16	25
프랑스	36	45	36	35
미국	90	91	92	91

① 자국 영화 점유율에서 프랑스가 한국을 앞지른 해는 2022년뿐이다.
② 4년간 자국 영화 점유율이 매년 꾸준히 상승한 국가는 하나도 없다.
③ 2021년 대비 2024년 자국 영화 점유율이 가장 많이 하락한 국가는 한국이다.
④ 2023년 자국 영화 점유율이 해당 국가의 4년간 통계에서 가장 높은 경우가 절반이 넘는다.

24 다음은 국가별 주요 선진국과 BRICs의 고령화율을 나타낸 자료이다. 2040년의 고령화율이 2010년 대비 3배 이상이 되는 나라를 〈보기〉에서 모두 고르면?

〈주요 선진국과 BRICs 고령화율〉

(단위 : %)

구분	한국	미국	프랑스	영국	독일	일본	브라질	러시아	인도	중국
1990년	5	12	14	13	15	11	4	10	2	5
2000년	7	12	16	15	16	17	5	12	3	6
2010년	11	13	20	16	20	18	7	13	4	10
2020년	15	16	20	20	23	28	9	17	6	11
2030년(예상치)	24	20	25	25	28	30	16	21	10	16
2040년(예상치)	33	26	30	32	30	36	21	26	16	25

──────〈보기〉──────

ㄱ. 한국   ㄴ. 미국
ㄷ. 일본   ㄹ. 브라질
ㅁ. 인도

① ㄱ, ㄴ, ㄷ   ② ㄱ, ㄴ, ㄹ
③ ㄱ, ㄹ, ㅁ   ④ ㄴ, ㄷ, ㅁ

25 다음은 S사 서비스 센터에서 A지점의 만족도를 조사한 자료이다. 이에 대한 설명으로 옳지 않은 것은?

<서비스 만족도 조사 결과>

(단위 : 명, %)

만족도	응답자 수	비율
매우 만족	(A)	20
만족	33	22
보통	(B)	(C)
불만족	24	16
매우 불만족	15	(D)
합계	150	100

① 방문 고객 150명을 대상으로 은행서비스 만족도를 조사하였다.

② 응답한 고객 중 30명이 본 지점의 서비스를 '매우 만족'한다고 평가하였다.

③ 내방 고객의 약 $\frac{1}{3}$이 본 지점의 서비스 만족도를 '보통'으로 평가하였다.

④ 고객 중 $\frac{1}{5}$이 '매우 불만족'으로 평가하였다.

26 다음은 인터넷 공유활동 참여 현황을 정리한 자료이다. 이를 바르게 이해하지 못한 사람은?

<인터넷 공유활동 참여율(복수응답)>

(단위 : %)

구분		커뮤니티 이용	퍼나르기	블로그 운영	댓글 달기	UCC 게시
성별	남성	79	64	49	52	46
	여성	76	59	55	38	40
연령	10대	75	63	54	44	51
	20대	88	74	76	47	54
	30대	77	58	46	44	37
	40대	66	48	27	48	29

※ 성별, 연령별 조사인원은 동일함

① A사원 : 자료에 의하면 20대가 다른 연령대에 비해 인터넷상에서 공유활동을 활발히 참여하고 있네요.

② B주임 : 대체로 남성이 여성에 비해 상대적으로 활발한 활동을 하고 있는 것 같아요. 그런데 블로그 운영 활동은 여성이 더 많네요.

③ C대리 : 남녀 간의 참여율 격차가 가장 큰 활동은 댓글 달기이네요. 반면에 커뮤니티 이용은 남녀 간의 참여율 격차가 가장 작네요.

④ D사원 : 10대와 30대의 공유활동 참여율을 큰 순서대로 나열하면 재미있게도 두 연령대의 활동 순위가 동일하네요.

27 다음은 A ~ C학과의 입학 및 졸업자 인원 현황에 대한 자료이다. 빈칸에 들어갈 값으로 가장 적절한 것은? (단, 각 수치는 매년 일정한 규칙으로 변화한다)

〈학과별 입학 및 졸업자 추이〉

(단위 : 명)

구분	A학과		B학과		C학과	
	입학	졸업	입학	졸업	입학	졸업
2020년	70	57	63	50	52	39
2021년	79	66	65	52	56	43
2022년	90	77	58		60	47
2023년	85	72	60	47	50	37
2024년	95	82	62	49	53	40

① 37   ② 45

③ 46   ④ 47

28 다음은 S중학교 여름방학 방과후학교 신청 학생 중 과목별 학생 수를 비율로 나타낸 자료이다. 방과후학교를 신청한 전체 학생이 200명일 때, 수학을 선택한 학생은 미술을 선택한 학생보다 몇 명이 더 적은가?

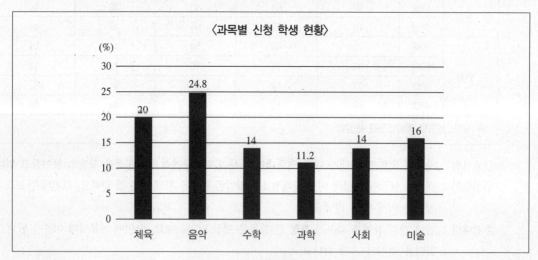

〈과목별 신청 학생 현황〉

① 3명   ② 4명

③ 5명   ④ 6명

29 다음은 연도별 태양광 산업 분야 투자액 및 투자 건수에 대한 자료이다. 이에 대한 설명으로 옳지 않은 것은?

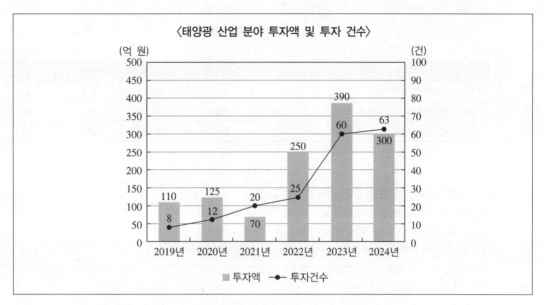

① 2020 ~ 2024년 동안 투자액의 전년 대비 증가율은 2023년이 가장 높다.

② 2020 ~ 2024년 동안 투자 건수의 전년 대비 증가율은 2024년이 가장 낮다.

③ 2019년과 2022년 투자 건수의 합은 2024년 투자 건수보다 작다.

④ 투자액이 가장 큰 해는 2023년이다.

30 다음은 에너지원별 판매단가 및 CO_2 배출량에 대한 자료이다. 이에 대한 설명으로 옳지 않은 것은?

〈에너지원별 판매단가 및 CO_2 배출량〉

구분	판매단가(원 / kWh)	CO_2 배출량(g-co_2 / kWh)
원자력	38.42	9
유연탄	38.56	968
중유	115.32	803
LPG	132.45	440

① LPG의 판매단가는 원자력의 판매단가에 비해 약 3.44배 높다.

② 유연탄의 CO_2 배출량은 원자력의 배출량의 약 97배이다.

③ LPG는 두 번째로 CO_2 배출량이 낮다.

④ 원자력은 판매단가에 비해 CO_2 배출량이 가장 낮다.

31 다음은 최근 5개년 동안 아동의 비만율을 나타낸 자료이다. 이에 대한 〈보기〉의 설명 중 옳은 것을 모두 고르면?

〈연도별 아동 비만율〉

(단위 : %)

구분	2020년	2021년	2022년	2023년	2024년
유아(만 6세 미만)	11	10.8	10.2	7.4	5.8
어린이(만 6세 이상 만 13세 미만)	9.8	11.9	14.5	18.2	19.7
청소년(만 13세 이상 만 19세 미만)	18	19.2	21.5	24.7	26.1

〈보기〉

ㄱ. 모든 아동의 비만율은 전년 대비 증가하고 있다.
ㄴ. 어린이 비만율은 유아 비만율보다 크고, 청소년 비만율보다 작다.
ㄷ. 2020년 대비 2024년 청소년 비만율의 증가율은 45%이다.
ㄹ. 2024년과 2022년의 비만율 차이가 가장 큰 아동은 어린이이다.

① ㄱ, ㄷ　　　　　　　　　　　　② ㄱ, ㄹ
③ ㄴ, ㄷ　　　　　　　　　　　　④ ㄷ, ㄹ

32 다음은 모바일 뱅킹 서비스 이용 실적에 대한 분기별 자료이다. 이에 대한 설명으로 옳지 않은 것은?

〈모바일 뱅킹 서비스 이용 실적〉

(단위 : 천 건, %)

구분	2023년				2024년
	1/4분기	2/4분기	3/4분기	4/4분기	1/4분기
조회 서비스	817	849	886	1,081	1,106
자금이체 서비스	25	16	13	14	25
합계	842(18.6)	865(2.7)	899(3.9)	1,095(21.8)	1,131(3.3)

※ (　　)는 전 분기 대비 증가율

① 조회 서비스 이용 실적은 매 분기마다 계속 증가하였다.
② 2023년 2/4분기의 조회 서비스 이용 실적은 전 분기보다 3만 2천 건 증가하였다.
③ 자금이체 서비스 이용 실적은 2023년 2/4분기에 감소하였다가 다시 증가하였다.
④ 모바일 뱅킹 서비스 이용 실적의 전 분기 대비 증가율이 가장 높은 분기는 2023년 4/4분기이다.

33 다음은 S기업 지원자의 인턴 및 해외연수 경험과 합격 여부에 대한 자료이다. 이에 대한 〈보기〉의 설명 중 옳은 것을 모두 고르면?

〈S기업 지원자의 인턴 및 해외연수 경험과 합격 여부〉

(단위 : 명, %)

인턴 경험	해외연수 경험	합격 여부		합격률
		합격	불합격	
있음	있음	53	414	11.3
	없음	11	37	22.9
없음	있음	0	16	0.0
	없음	4	139	2.8

※ 합격률(%)$=\dfrac{(합격자\ 수)}{(합격자\ 수)+(불합격자\ 수)}\times100$

※ 합격률은 소수점 둘째자리에서 반올림한 값임

─〈보기〉─

ㄱ. 해외연수 경험이 있는 지원자가 해외연수 경험이 없는 지원자보다 합격률이 높다.

ㄴ. 인턴 경험이 있는 지원자가 인턴 경험이 없는 지원자보다 합격률이 높다.

ㄷ. 인턴 경험과 해외연수 경험이 모두 있는 지원자 합격률은 인턴 경험만 있는 지원자 합격률의 2배 이상이다.

ㄹ. 인턴 경험과 해외연수 경험이 모두 없는 지원자와 인턴 경험만 있는 지원자 간 합격률 차이는 30%p보다 크다.

① ㄱ, ㄴ

② ㄱ, ㄷ

③ ㄴ, ㄷ

④ ㄱ, ㄴ, ㄹ

34 다음은 A ~ D 4개 고등학교의 대학 진학 희망자의 학과별 비율(상단)과 그중 희망대로 진학한 학생의 비율(하단)을 나타낸 자료이다. 이를 보고 올바르게 추론한 사람을 모두 고르면?

〈A ~ D고 진학 통계〉

(단위 : %, 명)

구분	국문학과	경제학과	법학과	기타	진학 희망자 수
A고등학교	(60) 20	(10) 10	(20) 30	(10) 40	700
B고등학교	(50) 10	(20) 30	(40) 30	(20) 30	500
C고등학교	(20) 35	(50) 40	(40) 15	(60) 10	300
D고등학교	(5) 30	(25) 25	(80) 20	(30) 25	400

- 영이 : B고등학교와 D고등학교 중에서 경제학과에 합격한 학생은 D고등학교가 많다.
- 재인 : A고등학교에서 법학과에 합격한 학생은 40명보다 많고, C고등학교에서 국문학과에 합격한 학생은 20명보다 적다.
- 준아 : 국문학과에 진학한 학생들이 많은 고등학교 순서대로 나열하면 A → B → C → D의 순서가 된다.

① 영이   ② 재인
③ 준아   ④ 영이, 재인

35 다음 S사에서 만든 기계제품의 가격을 연도별로 표시한 자료이다. 이에 대한 설명으로 옳지 않은 것은?

〈S사 기계제품 가격〉

(단위 : 만 원)

구분	2020년	2021년	2022년	2023년	2024년
가격	200	230	215	250	270
재료비	105	107	99	110	115
인건비	55	64	72	85	90
수익	40	59	44	55	65

① 제품의 가격 증가율은 2024년도에 가장 크다.
② 재료비의 상승폭이 가장 큰 해에는 제품 가격 상승폭도 가장 크다.
③ 제품의 원가에서 인건비는 꾸준히 증가하였다.
④ 2023 ~ 2024년에 재료비와 인건비의 증감 추이는 같다.

36 S통신사는 Y카드사와 신규 제휴카드를 출시하고자 한다. 제휴카드별 정보가 다음과 같을 때, 이에 대한 설명으로 옳은 것은?

〈제휴카드 출시위원회 심사 결과〉

구분	제공혜택	동종 혜택을 제공하는 타사 카드 개수	연간 예상필요자본 규모	신규가입 시 혜택 제공가능 기간
A카드	교통 할인	8개	40억 원	12개월
B카드	S통신사 통신요금 할인	3개	25억 원	24개월
C카드	제휴 레스토랑 할인	없음	18억 원	18개월
D카드	제휴보험사 보험료 할인	2개	11억 원	24개월

① 교통 할인을 제공하는 카드를 출시하는 경우 시장에서의 경쟁이 가장 치열할 것으로 예상된다.
② B카드를 출시하는 경우가 D카드를 출시하는 경우에 비해 자본 동원이 수월할 것이다.
③ 제휴 레스토랑 할인을 제공하는 카드를 출시하는 경우 신규가입 혜택 제공을 가장 길게 받는다.
④ 신규가입 시 혜택 제공가능 기간이 길수록 동종 혜택 분야에서의 현재 카드사 간 경쟁이 치열하다.

37 국내의 S사는 몽골 시장으로 진출하기 위해 현지에 진출해 있는 기업들이 경험한 진입 장벽에 대하여 다음과 같이 조사하였다. 이에 대한 설명으로 옳은 것은?

S사는 몽골 시장의 진입 장벽에 해당하는 주요 요인 4가지를 선정하였고, 현지 진출 기업들은 경험을 바탕으로 요인별로 0 ~ 10점 사이의 점수를 부여하였다.

〈진출 기업 업종별 몽골 시장으로의 진입 장벽〉

(단위 : 점)

구분	몽골 기업의 시장 점유율	초기 진입 비용	현지의 엄격한 규제	문화적 이질감
유통업	7	5	9	2
제조업	5	3	8	4
서비스업	4	2	6	8
식·음료업	6	7	5	6

※ 점수가 높을수록 해당 요인이 강력한 진입 장벽으로 작용함

① 유통업의 경우, 타 업종에 비해 높은 초기 진입 비용이 강력한 진입 장벽으로 작용한다.
② S사의 경우, 현지의 엄격한 규제가 몽골 시장의 진입을 방해하는 요소로 작용할 가능성이 크다.
③ 제조업의 경우, 타 업종에 비해 높은 몽골 기업의 시장 점유율이 강력한 진입 장벽으로 작용한다.
④ 문화적 이질감이 가장 강력한 진입 장벽으로 작용하는 업종은 식·음료업이다.

※ 다음은 S회사에서 남녀 흡연율을 조사한 결과이다. 이어지는 질문에 답하시오. [38~39]

<흡연율 현황>

(단위 : %)

구분	남자	여자	전체
흡연율	68	54	60

38 위 설문조사에 참여한 남자 인원은 여자 인원의 몇 배인가?

① 0.25배

② 0.5배

③ 0.75배

④ 1.25배

39 위 설문조사에 참여자 중 남자 흡연자 수는 여자 흡연자 수의 몇 배인가?

① $\dfrac{29}{54}$배

② $\dfrac{31}{54}$배

③ $\dfrac{47}{54}$배

④ $\dfrac{51}{54}$배

40 다음은 연도별 전국 8월 인구이동 및 이동률에 대한 자료이다. 이에 대한 설명으로 옳은 것은?(단, 인원에서 소수점은 버림한다)

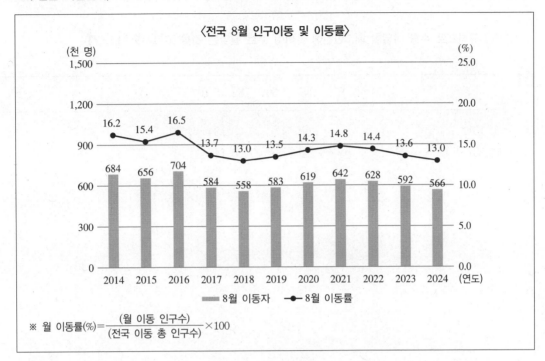

〈전국 8월 인구이동 및 이동률〉

$$※ 월 이동률(\%) = \frac{(월 이동 인구수)}{(전국 이동 총 인구수)} \times 100$$

① 2022 ~ 2024년 동안 8월 이동자 평균 인원은 약 582명이다.

② 2014 ~ 2024년 중 8월 이동자 수가 700천 명을 넘는 연도는 없다.

③ 2019년 이후 이동률이 13% 이하인 적은 없다.

④ 2014 ~ 2024년 동안 8월 이동률이 16% 이상일 때는 두 번이다.

※ 일정한 규칙으로 수를 나열할 때, 빈칸에 들어갈 수로 알맞은 것을 고르시오. **[1~7]**

01

19	38	59	82	107	( )

① 131 ② 134
③ 137 ④ 140

02

−15	−14	−11	−2	25	106	( )

① 209 ② 269
③ 299 ④ 349

03

77	80	−40	( )	18.5	21.5

① −15.5 ② −20
③ −37 ④ 43

04

| 9 | 10 | 18 | 33 | 55 | 84 | ( ) |

① 130   ② 120
③ 110   ④ 100

05

| −8 | −2 | 10 | 34 | 82 | 178 | ( ) |

① 297   ② −356
③ 360   ④ 370

06

| 94 | 52 | 80 | 62 | ( ) | 72 | 52 | 82 |

① 60   ② 62
③ 64   ④ 66

07

| −73 | −42 | −31 | −11 | −20 | 9 | ( ) |

① −29   ② −14
③ 12   ④ 20

※ 일정한 규칙으로 문자를 나열할 때, 빈칸에 알맞은 문자로 알맞은 것을 고르시오(단, 모음은 일반모음 10개만 세는 것을 기준으로 한다). **[8~12]**

08

	G	8	10	M	17	22	B	( )

① 31   ② 35

③ I   ④ K

09

	A	D	C	F	E	H	G	( )

① B   ② J

③ N   ④ Q

10

ㄱ	ㄴ	ㄹ	ㅁ	ㅅ	ㅇ	ㅊ	( )

① ㄴ   ② ㅁ

③ ㅈ   ④ ㅋ

11

ㄱ	C	ㅂ	D	ㅋ	E	ㄴ	( )

① F   ② G

③ ㅂ   ④ ㅋ

12

D	E	G	J	K	M	P	( )

① H   ② Q

③ R   ④ S

※ 다음 〈조건〉을 보고 ?에 들어갈 도형을 고르시오. [13~14]

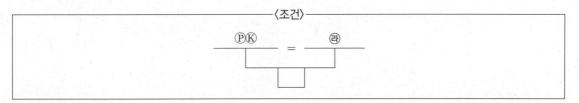

13

① ⑰Ⓚ⑰Ⓚ라
② ⑰Ⓚ⑰Ⓚ
③ 마⑰Ⓚ⑰Ⓚ
④ 마마

14

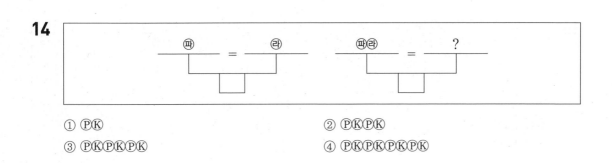

① ⑰Ⓚ
② ⑰Ⓚ⑰Ⓚ
③ ⑰Ⓚ⑰Ⓚ⑰Ⓚ
④ ⑰Ⓚ⑰Ⓚ⑰Ⓚ⑰Ⓚ

※ 다음 〈조건〉을 보고 ?에 들어갈 도형을 고르시오. [15~16]

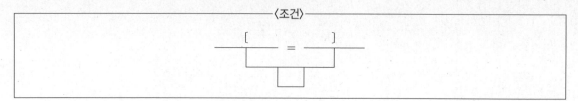

15

        [[=   ?   [=   [[

① [[[② [[[[

③ [[ ]]   ④]]]] [

16

        ] [=   ?   ]   =   ]]]

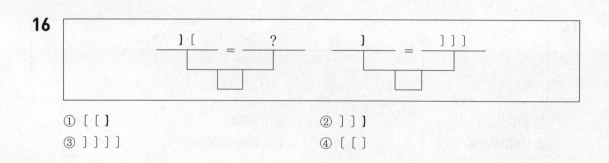

① [[ ]   ②]]]

③]]]]   ④ [[ ]

※ 다음 〈조건〉을 보고 ?에 들어갈 도형을 고르시오. [17~18]

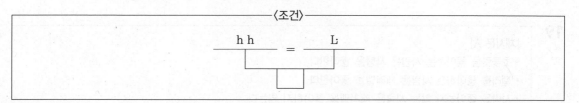

17

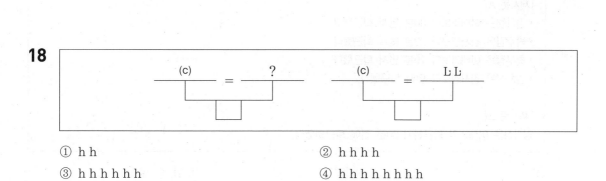

① h h h h L L
② h h L L L
③ L L L L
④ L L L L L

18

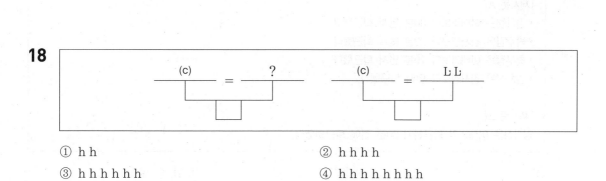

① h h
② h h h h
③ h h h h h h
④ h h h h h h h h

※ [제시문 A]를 읽고, [제시문 B]가 참인지 거짓인지 혹은 알 수 없는지 고르시오. [19~23]

19

[제시문 A]
• 초콜릿을 좋아하는 사람은 사탕을 좋아한다.
• 젤리를 좋아하는 사람은 캐러멜을 좋아한다.
• 사탕을 좋아하지 않는 사람은 캐러멜을 좋아하지 않는다.

[제시문 B]
젤리를 좋아하는 사람은 사탕을 좋아한다.

① 참   ② 거짓   ③ 알 수 없음

20

[제시문 A]
• 김사원은 이대리보다 30분 먼저 퇴근했다.
• 박주임은 김사원보다 20분 늦게 퇴근했다.
• 최부장은 이대리보다 10분 먼저 퇴근했다.
• 임차장은 김사원보다 먼저 퇴근했다.

[제시문 B]
임차장은 이대리가 퇴근하기 20분 전에 퇴근하였다.

① 참   ② 거짓   ③ 알 수 없음

21

[제시문 A]
• 야구를 좋아하는 사람은 여행을 좋아한다.
• 그림을 좋아하는 사람은 독서를 좋아한다.
• 여행을 좋아하지 않는 사람은 독서를 좋아하지 않는다.

[제시문 B]
그림을 좋아하는 사람은 여행을 좋아한다.

① 참　　　　　　　② 거짓　　　　　　　③ 알 수 없음

22

[제시문 A]
• 바실리카는 로마시대 법정과 같이 쓰인 장방형의 3개의 통로가 있는 건물이다.
• 바실리카의 중앙통로나 회중석은 측랑보다 높았고 측랑의 지붕 위에는 창문이 설치된다.

[제시문 B]
바실리카의 측랑과 창문은 회중석보다 높은 곳에 설치된다.

① 참　　　　　　　② 거짓　　　　　　　③ 알 수 없음

23

[제시문 A]
• 황도 12궁은 천구상에서 황도가 통과하는 12개의 별자리이다.
• 황도 전체를 30°씩 12등분하여 각각에 대해 별자리의 이름을 붙였다.

[제시문 B]
황도 12궁의 열두 개 별자리들은 300°의 공간에 나열되어 있다.

① 참　　　　　　　② 거짓　　　　　　　③ 알 수 없음

※ 다음 명제를 읽고 각 문제가 항상 참이면 ①, 거짓이면 ②, 알 수 없으면 ③을 고르시오. [24~26]

- 에어컨의 소비 전력은 900W이다.
- TV의 소비 전력은 냉장고보다 100W 더 높다.
- 세탁기의 소비 전력은 TV보다 높고, 에어컨보다 낮다.
- 냉장고의 소비 전력 140W이다.

---

24 세탁기의 소비 전력은 480W이다.

① 참   ② 거짓   ③ 알 수 없음

25 네 개의 가전제품 중 냉장고의 소비 전력이 가장 낮다.

① 참   ② 거짓   ③ 알 수 없음

26 소비 전력이 70W인 선풍기 4대보다 TV 1대의 소비 전력이 더 높다.

① 참   ② 거짓   ③ 알 수 없음

※ 다음 명제를 읽고 각 문제가 항상 참이면 ①, 거짓이면 ②, 알 수 없으면 ③을 고르시오. [27~28]

> • A ~ E 5명이 차례대로 서 있다.
> • A와 B 사이의 간격과 B와 C 사이의 간격은 같다.
> • D는 C 오른쪽에 서 있다.

27 A, B, C 사이에는 다른 사람이 들어갈 수 없다.

① 참   ② 거짓   ③ 알 수 없음

28 A ~ E 5명이 서 있을 수 있는 경우의 수는 8가지이다.

① 참   ② 거짓   ③ 알 수 없음

※ 다음 명제를 읽고, 각 문제가 항상 참이면 ①, 거짓이면 ②, 알 수 없으면 ③을 고르시오. [29~31]

> • 스트레스를 받으면 매운 음식을 먹는다.
> • 아이스크림을 먹으면 운동을 한다.
> • 아이스크림을 먹지 않으면 매운 음식을 먹지 않는다.
> • 운동을 하면 야근을 하지 않는다.
> • 야근을 하지 않으면 친구를 만난다.

29 아이스크림을 먹지 않는다면 스트레스를 받지 않았다.

① 참   ② 거짓   ③ 알 수 없음

30 친구를 만나지 않았다면 매운 음식을 먹는다.

① 참   ② 거짓   ③ 알 수 없음

31 야근을 하지 않았다면 아이스크림을 먹는다.

① 참   ② 거짓   ③ 알 수 없음

32

- 속도에 관심 없는 사람은 디자인에도 관심이 없다.
- 연비를 중시하는 사람은 내구성도 따진다.
- 내구성을 따지지 않는 사람은 속도에도 관심이 없다.

① 연비를 중시하지 않는 사람도 내구성은 따진다.
② 디자인에 관심 없는 사람도 내구성은 따진다.
③ 연비를 중시하는 사람은 디자인에는 관심이 없다.
④ 내구성을 따지지 않는 사람은 디자인에도 관심이 없다.

33

- 어떤 학생은 책 읽기를 좋아한다.
- 책 읽기를 좋아하는 사람의 대부분은 어린이다.
- 모든 어린이는 유치원에 다닌다.

① 모든 학생은 어린이다.
② 모든 학생은 유치원에 다닌다.
③ 책 읽기를 좋아하는 사람 모두가 어린이는 아니다.
④ 책 읽기를 좋아하는 사람 모두 학생이다.

34

- 정수, 영수, 영호, 재호, 경호 5명은 시력 검사를 하였다.
- 정수의 시력은 1.2이다.
- 정수의 시력은 영수의 시력보다 0.5 높다.
- 영호의 시력은 정수보다 낮고 영수보다 높다.
- 영호의 시력보다 낮은 재호의 시력은 0.6 ~ 0.80이다.
- 경호의 시력은 0.6 미만으로 안경을 새로 맞춰야 한다.

① 영호의 시력은 1.0 이상이다.
② 경호의 시력이 가장 낮은 것은 아니다.
③ 정수의 시력이 가장 높다.
④ 재호의 시력은 영수의 시력보다 높다.

35

> • 관수는 보람이보다 크다.
> • 창호는 보람이보다 작다.
> • 동주는 관수보다 크다.
> • 인성이는 보람이보다 작지 않다.

① 인성이는 창호보다 크고 관수보다 작다.
② 보람이는 동주, 관수보다 작지만 창호보다는 크다.
③ 창호는 관수, 보람이보다 작지만 인성이 보다는 크다.
④ 동주는 관수, 보람, 창호, 인성이보다 크다.

36 S사의 사내 축구 대회에서 홍보팀이 1 : 0으로 승리했고, 시합에 참여했던 홍보팀 직원 A ~ D 네 명은 다음과 같이 말하였다. 이들 중 한 명의 진술만 참이라고 할 때, 골을 넣은 사람은?

> • A : C가 골을 넣었다.
> • B : A가 골을 넣었다.
> • C : A는 거짓말을 했다.
> • D : 나는 골을 넣지 못했다.

① A   ② B
③ C   ④ D

37 A ~ D 4명 중 1명이 테이블 위에 놓여있던 사탕을 먹었다. 이들 중 1명의 진술만 거짓일 때, 거짓을 말하는 사람은 누구인가?

> • A : D의 말은 거짓이다.
> • B : A가 사탕을 먹었다.
> • C : D의 말은 사실이다.
> • D : B는 사탕을 먹지 않았다.

① A   ② B
③ C   ④ D

38 S사의 기획팀에서 근무하고 있는 직원 A ~ D 4명은 서로의 프로젝트 참여 여부에 대하여 다음과 같이 진술하였고, 이들 중 1명만이 진실을 말한다고 할 때, 반드시 프로젝트에 참여하는 사람은?

- A : 나는 프로젝트에 참여하고, B는 프로젝트에 참여하지 않는다.
- B : A와 C 중 적어도 1명은 프로젝트에 참여한다.
- C : 나와 B 중 적어도 1명은 프로젝트에 참여하지 않는다.
- D : B와 C 중 1명이라도 프로젝트에 참여한다면, 나도 프로젝트에 참여한다.

① A   ② B
③ C   ④ D

※ 다음 명제로부터 이끌어낼 수 있는 결론으로 가장 적절한 것을 고르시오. **[39~40]**

39
- 영희는 가방을 좋아한다.
- 비행기를 좋아하는 사람은 바나나를 좋아하지 않는다.
- 가방을 좋아하는 사람은 바나나를 좋아한다.

① 바나나를 좋아하지 않는 사람은 가방을 좋아한다.
② 비행기를 좋아하지 않는 사람은 바나나를 좋아한다.
③ 가방을 좋아하는 사람은 비행기를 좋아한다.
④ 영희는 비행기를 좋아하지 않는다.

40
- 가위는 테이프보다 비싸다
- 볼펜은 테이프보다 싸다.
- 공책은 가위보다 비싸다.

① 제시된 문구 중에서 가장 비싼 것은 테이프다.
② 테이프는 공책보다 비싸다.
③ 제시된 문구 중에서 두 번째로 비싼 것은 가위다.
④ 공책은 볼펜보다 싸다.

※ 다음 〈보기〉는 한반도의 산이다. 이어지는 질문에 답하시오. **[1~3]**

┌─────────────────────〈보기〉─────────────────────┐
│ ㉠ 백두산   ㉡ 지리산   │
│ ㉢ 한라산   ㉣ 북한산   │
└───┘

01 다음 설명에 해당하는 것을 〈보기〉에서 고르면?

┌───┐
│ • 최고봉인 병사봉에는 칼데라호인 '천지'가 있다.   │
│ • 높이 2,744m로 한반도 제일의 산이다.   │
└───┘

① ㉠   ② ㉡

③ ㉢   ④ ㉣

02 다음 설명에 해당하는 것을 〈보기〉에서 고르면?

┌───┐
│ • 제주도 중앙에 있는 산으로 해발 1,950m이다.   │
│ • 봉우리에는 백록담이 있다.   │
└───┘

① ㉠   ② ㉡

③ ㉢   ④ ㉣

03 다음 설명에 해당하는 것을 〈보기〉에서 고르면?

┌───┐
│ • 경상남도, 전라남도, 전라북도에 걸쳐 있는 산이다.   │
│ • 최고봉은 천왕봉으로 높이는 1,915m이다.   │
└───┘

① ㉠   ② ㉡

③ ㉢   ④ ㉣

04 S씨는 영업비밀 보호를 위해 자신의 컴퓨터 속 각 문서의 암호를 다음 규칙에 따라 만들었다. 파일 이름이 다음과 같을 때, 이 파일의 암호는?

〈규칙〉

1. 비밀번호 중 첫 번째 자리에는 파일 이름의 첫 문자가 한글일 경우 @, 영어일 경우 #, 숫자일 경우 *로 특수문자를 입력한다.
   → 고슴Dochi=@, haRAMY801=#, 1app루=*
2. 두 번째 자리에는 파일 이름의 총 자리 개수를 입력한다.
   → 고슴Dochi=@7, haRAMY801=#9, 1app루=*5
3. 세 번째 자리부터는 파일 이름 내에 숫자를 순서대로 입력한다. 숫자가 없을 경우 0을 두 번 입력한다.
   → 고슴Dochi=@700, haRAMY801=#9801, 1app루=*51
4. 그 다음 자리에는 파일 이름 중 한글이 있을 경우 초성만 순서대로 입력한다. 없다면 입력하지 않는다.
   → 고슴Dochi=@700ㄱㅅ, haRAMY801=#9801, 1app루=*51ㄹ
5. 그 다음 자리에는 파일 이름 중 영어가 있다면 뒤에 덧붙여 순서대로 입력하되, a, e, I, o, u만 'a=1, e=2, I=3, o=4, u=5'로 변형하여 입력한다(대문자 · 소문자 구분 없이 모두 소문자로 입력한다).
   → 고슴Dochi=@700ㄱㅅd4ch3, haRAMY801=#9801h1r1my, 1app루=*51ㄹ1pp

---

2022매운전골Cset3인기준recipe8

① @23202238ㅁㅇㅈㄱㅇㄱㅈcs2trecipe
② @23202238ㅁㅇㅈㄱㅇㄱㅈcs2tr2c3p2
③ *23202238ㅁㅇㅈㄱㅇㄱㅈcs2trecipe
④ *23202238ㅁㅇㅈㄱㅇㄱㅈcs2tr2c3p2

※ 김대리는 사내 메신저의 보안을 위해 암호화 규칙을 만들어 동료들과 대화하기로 하였다. 이어지는 질문에 답하시오. [5~6]

〈암호화 규칙〉

• 한글 자음은 사전 순서에 따라 바로 뒤의 한글 자음으로 변환한다.
  예 ㄱ → ㄴ … ㅎ → ㄱ
• 쌍자음의 경우 자음 두 개로 풀어 표기한다.
  예 ㄲ → ㄴㄴ
• 한글 모음은 사전 순서에 따라 알파벳 a, b, c …으로 변환한다.
  예 ㅏ → a, ㅐ → b … ㅢ → t, ㅣ → u
• 겹받침의 경우 풀어 표기한다.
  예 맑다 → ㅂaㅁㄴㄹa
• 공백은 0으로 표현한다.

---

05 메신저를 통해 김대리가 오늘 점심 메뉴로 'ㄴuㅂㅋuㅊㅊuㄴb'를 먹자고 했을 때, 김대리가 말한 메뉴는?

① 김치김밥
② 김치찌개
③ 계란말이
④ 된장찌개

06 김대리는 이번 주 금요일의 사내 워크숍에서 사용할 조별 구호를 '존중과 배려'로 결정하였고, 메신저를 통해 조원들에게 알리려고 한다. 다음 중 김대리가 전달할 구호를 암호화 규칙에 따라 바르게 변환한 것은?

① ㅊiㄷㅊuㅈㄴjㅅbㅁg
② ㅊiㄷㅊnㅈㄴjㅅbㅁg
③ ㅊiㄷㅊnㅈㄴj0ㅅbㅁg
④ ㅊiㄷㅊnㅈㄴia0ㅅbㅁg

※ 제시된 도형과 동일한 도형을 〈보기〉에서 찾아 고르시오(단, 가장 왼쪽 문자를 시작 지점으로 한다). **[7~10]**

――――――――――〈보기〉――――――――――

ю　◉　Ħ　dB　γ　№.　♣　⇔

07

◉

① 1번째　　　　　　　　② 2번째
③ 3번째　　　　　　　　④ 4번째

08

Ħ

① 3번째　　　　　　　　② 4번째
③ 5번째　　　　　　　　④ 6번째

09

γ

① 4번째　　　　　　　　② 5번째
③ 6번째　　　　　　　　④ 7번째

10

ю

① 1번째　　　　　　　　② 3번째
③ 4번째　　　　　　　　④ 7번째

11 다음 문자를 오름차순으로 나열하였을 때, 5번째에 오는 문자는?

W U P T J L	

① U　　　　　　　　　② T
③ P　　　　　　　　　④ W

12 다음 문자를 오름차순으로 나열하였을 때, 5번째에 오는 문자는?

ㅎ ㄱ ㅅ ㅇ ㅈ ㅂ	

① ㅅ　　　　　　　　　② ㅈ
③ ㅇ　　　　　　　　　④ ㅂ

13 다음 문자를 오름차순으로 나열하였을 때, 2번째에 오는 문자는?

ㅛ ㅜ ㅇ ㄷ ㅍ ㅡ	

① ㄷ　　　　　　　　　② ㅛ
③ ㅇ　　　　　　　　　④ ㅜ

14 다음 문자를 오름차순으로 나열하였을 때, 3번째에 오는 문자는?

L P G T N B	

① G　　　　　　　　　② P
③ L　　　　　　　　　④ N

15 다음 문자를 오름차순으로 나열하였을 때, 6번째에 오는 문자는?

G	D	W	R	S	T

① T
② S
③ W
④ R

16 다음 문자나 수를 내림차순으로 나열하였을 때, 5번째에 오는 문자나 수는?

나	5	카	12	하	6

① 나
② 5
③ 하
④ 6

17 다음 수를 내림차순으로 나열하였을 때, 3번째에 오는 수는?

10	35	42	95	64	11

① 10
② 42
③ 11
④ 95

18 다음 문자를 내림차순으로 나열하였을 때, 4번째에 오는 문자는?

ㅏ ㅗ ㅠ ㅡ ㅑ ㅓ

① ㅓ ② ㅗ
③ ㅑ ④ ㅠ

19 다음 문자를 내림차순으로 나열하였을 때, 4번째에 오는 문자는?

G Q B K N U

① Q ② K
③ N ④ U

20 다음 문자를 내림차순으로 나열하였을 때, 2번째에 오는 문자는?

N ㅈ ㅠ C ㅅ ㅕ

① N ② ㅈ
③ ㅠ ④ C

※ 다음 제시된 도형과 같은 것을 고르시오. [21~25]

21

①    ②

③    ④

22

① 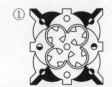   ②

③ 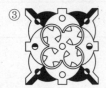   ④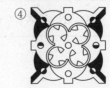

23

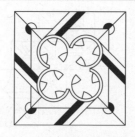

①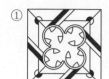

②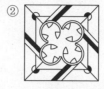

③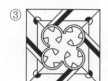

④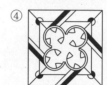

24

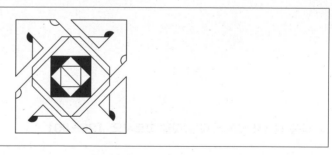

①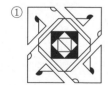

②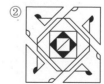

③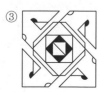

④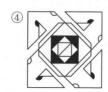

25

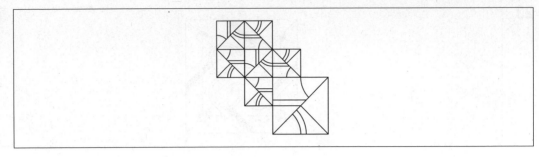

①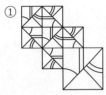

②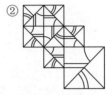

③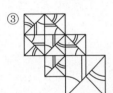

④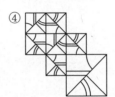

※ 다음 나머지 도형과 다른 것을 고르시오. [26~30]

26 ①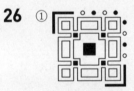

②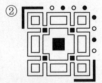

③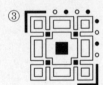

④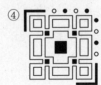

27

①

②

③

④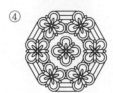

28

①

②

③

④

29

①

②

③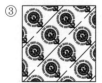

④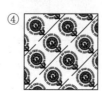

30

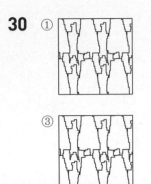

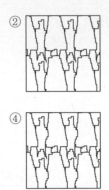

※ 다음 블록의 개수는 몇 개인지 고르시오(단, 보이지 않는 곳의 블록은 있다고 가정한다). [31~40]

31

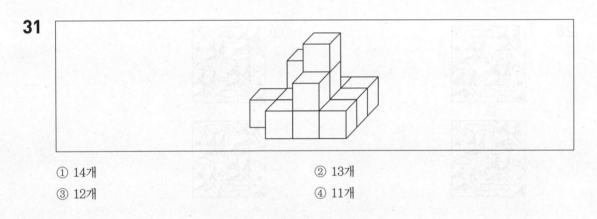

① 14개   ② 13개
③ 12개   ④ 11개

32

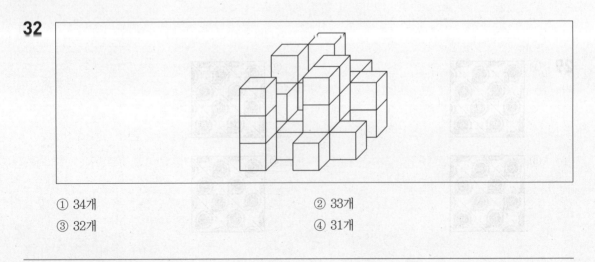

① 34개   ② 33개
③ 32개   ④ 31개

33

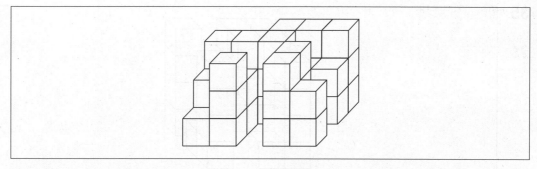

① 45개　　　　　　　　　　② 44개

③ 43개　　　　　　　　　　④ 42개

34

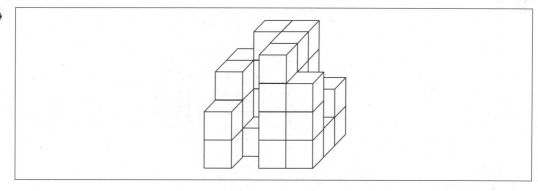

① 30개　　　　　　　　　　② 31개

③ 32개　　　　　　　　　　④ 33개

35

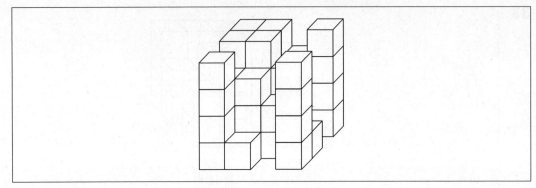

① 44개　　　　　　　　② 43개
③ 42개　　　　　　　　④ 41개

36

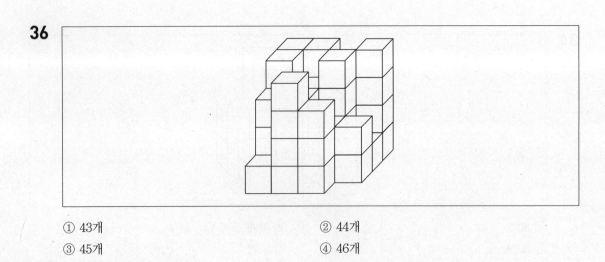

① 43개　　　　　　　　② 44개
③ 45개　　　　　　　　④ 46개

37

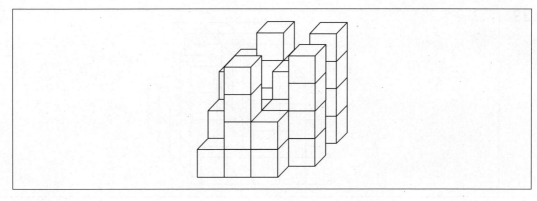

① 42개   ② 41개
③ 40개   ④ 39개

38

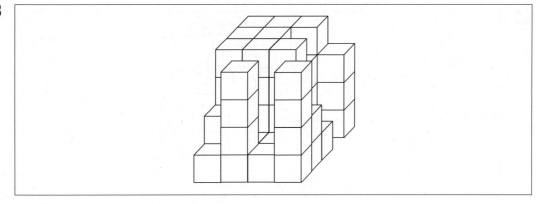

① 55개   ② 54개
③ 53개   ④ 52개

39

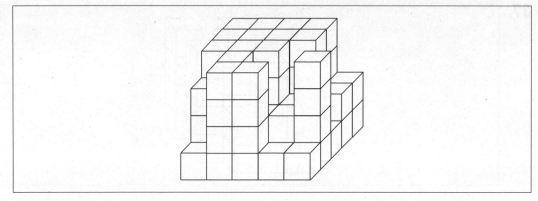

① 76개   ② 77개

③ 78개   ④ 79개

40

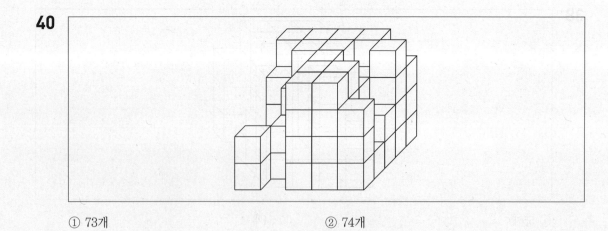

① 73개   ② 74개

③ 75개   ④ 76개

4일 차
기출응용 모의고사

〈문항 수 및 시험시간〉

삼성 온라인 GSAT 5급		
영역	문항 수	영역별 제한시간
수리능력검사	40문항	15분
추리능력검사	40문항	20분
지각능력검사	40문항	10분

4일 차 기출응용 모의고사

문항 수 : 120문항
시험시간 : 45분

제1영역 수리능력검사

※ 다음 식을 계산한 값으로 옳은 것을 고르시오. [1~10]

01

$$(2,418-1,131) \div 13 \times 41$$

① 4,029　　　　　　　　　② 4,039
③ 4,049　　　　　　　　　④ 4,059

02

$$43 \times 4 - 240 \div 8 - 2^2 \times 34$$

① 3　　　　　　　　　② 4
③ 5　　　　　　　　　④ 6

03

$$324 + 21 \div 3 + 323 + 241$$

① 865　　　　　　　　　② 875
③ 885　　　　　　　　　④ 895

04

$$423+42 \div 3 \div 2+52$$

① 452

② 462

③ 472

④ 482

05

$$65+6 \times 34+56$$

① 295

② 305

③ 315

④ 325

06

$$444-72 \div 8-345$$

① 87

② 88

③ 89

④ 90

07

$$12+232 \div 2^2+34$$

① 74

② 84

③ 94

④ 104

08

$$2+81 \div 3 \div 3^2$$

① 4

② 5

③ 6

④ 7

09

$$6^3 \div 4 + 9^2 \div 3^2$$

① 63   ② 64
③ 65   ④ 66

10

$$7 \times 9 + 3 \times 7 \times 2$$

① 75   ② 85
③ 95   ④ 105

11 철수는 아버지와 나이 차이가 25살 난다. 3년 후엔 아버지의 나이가 철수의 2배가 된다면 현재 철수의 나이는?

① 20세   ② 22세
③ 24세   ④ 26세

12 어떤 일을 소미가 혼자 하면 12일, 세정이와 미나 둘이서 하면 4일이 걸린다고 할 때, 이 일을 소미, 세정, 미나가 다 같이 하면 며칠이 걸리겠는가?

① 2일   ② 3일
③ 4일   ④ 5일

13 길이가 800m인 다리에 기차가 진입하는 순간부터 다리를 완전히 벗어날 때까지 걸린 시간은 36초였다. 기차의 속력은 몇 km/h인가?(단, 기차의 길이는 100m이다)

① 60km/h

② 70km/h

③ 80km/h

④ 90km/h

14 A와 B는 토요일에 함께 미용실에 다녀온 후, A는 20일마다, B는 15일마다 미용실에 간다. 처음으로 다시 두 사람이 함께 미용실에 가게 되는 날은 몇 요일인가?

① 월요일

② 화요일

③ 수요일

④ 목요일

15 다정이네 집에는 화분 2개가 있다. 두 화분에 있는 식물 나이의 합은 8세이고, 각 나이 제곱의 합은 34세가 된다고 할 때, 두 식물의 나이 차는?(단, 식물의 나이는 자연수이다)

① 2세

② 3세

③ 4세

④ 5세

16 농도가 4%인 소금물 300g에 소금 100g을 추가로 넣었을 때, 소금물의 농도는?

① 24%

② 26%

③ 28%

④ 30%

17 S씨는 뒷산에 등산을 갔다. 오르막길 A는 1.5km/h로 이동하였고, 내리막길 B는 4km/h로 이동하였다. A로 올라가 정상에서 쉬고, B로 내려오는 데 총 6시간 30분이 걸렸으며 정상에서 30분 동안 휴식을 하였다. 오르막길과 내리막길이 총 14km일 때, 오르막길 A의 거리는?

① 2km
② 4km
③ 6km
④ 8k

18 농도 5%의 소금물 20g에 농도 2%의 소금물 몇 g을 넣어야 농도 3%의 소금물이 되는가?

① 32g
② 35g
③ 36g
④ 40g

19 속력이 300km/h인 경주용 자동차가 트랙을 한 바퀴 도는 데 25분이 걸리고 한 바퀴 돌면 5분간 정비를 받아야 한다. 이 경주용 자동차로 트랙에서 1시간 10분 동안 몇 km를 경주했는가?

① 270km
② 285km
③ 300km
④ 315km

20 어떤 회사에는 속도가 다른 승강기 A, B가 있다. A승강기는 1초에 1층씩, B엘리베이터는 1초에 2층씩 움직인다. 1층에서 A승강기를 타고 올라간 사람과 15층에서 B승강기를 타고 내려가는 사람이 동시에 엘리베이터에 탔다면 두 사람은 몇 층에서 같은 층이 되는가?

① 4층
② 5층
③ 6층
④ 8층

21 다음은 어느 국가의 A ~ C지역 가구 구성비를 나타낸 자료이다. 이에 대한 설명으로 옳은 것은?

〈A ~ C지역 가구 구성비〉

(단위 : %)

구분	부부 가구	2세대 가구		3세대 이상 가구	기타 가구	소계
		부모+미혼자녀	부모+기혼자녀			
A	5	65	16	2	12	100
B	16	55	10	6	13	100
C	12	40	25	20	3	100

※ 기타 가구 : 1인 가구, 형제 가구, 비친족 가구
※ 핵가족 : 부부 또는 (한)부모와 그들의 미혼 자녀로 이루어진 가족
※ 확대가족 : (한)부모와 그들의 기혼 자녀로 이루어진 2세대 이상의 가족

① 2014년을 기점으로 인구수가 2번째로 많은 도시가 바뀐다.

② 세 도시 중 해당 기간 동안 인구가 감소한 도시가 있다.

③ 1994년 대비 2004년의 서울의 인구 증가율은 50%이다.

④ 2004년 대비 2014년의 인구 증가폭은 베이징이 가장 높다.

22 다음은 I공항에 있는 가게의 2024년 11월 첫째 주 주중 매출액에 대한 자료이다. 이에 대한 설명으로 옳지 않은 것은?

〈I공항 내 가게 주중 매출액〉

(단위 : 만 원)

구분	월	화	수	목	금
K치킨	420	460	360	450	495
H한식당	505	495	500	555	580
T카페	450	460	400	450	500

① H한식당의 화요일 매출액은 T카페의 목요일 매출액보다 10% 많다.

② K치킨의 주중 평균 매출액은 470만 원보다 30만 원 이상 적다.

③ T카페의 주중 평균 매출액보다 일일 매출액이 많은 요일은 하루이다.

④ 가게 중 주중 매출액 증감 추이가 같은 곳은 K치킨과 T카페이다.

23 다음은 S지역 전체 가구를 대상으로 원자력발전소 사고 전·후 식수 조달원에 대해 사고 후 설문조사한 결과이다. 이에 대한 설명으로 옳은 것은?

〈원자력발전소 사고 전·후 A지역 식수 조달원별 가구 수〉

(단위 : 가구)

사고 전 조달원 \ 사고 후 조달원	수돗물	정수	약수	생수
수돗물	60	30	20	30
정수	10	80	10	30
약수	20	10	20	40
생수	10	10	10	70

※ A지역 가구의 식수 조달원은 수돗물·정수·약수·생수로 구성되며, 각 가구는 한 종류의 식수 조달원만 이용함

① 사고 전에 식수 조달원으로 정수를 이용하는 가구 수가 가장 많다.
② 사고 전에 비해 사고 후에 이용 가구 수가 감소한 식수 조달원의 수는 3개이다.
③ 사고 전·후 식수 조달원을 변경한 가구 수는 전체 가구 수의 60% 이상이다.
④ 각 식수 조달원 중에서 사고 전·후에 이용 가구 수의 차이가 가장 큰 것은 생수이다.

24 다음은 연도별 주요 곡물별 수급 현황에 대한 자료이다. 이에 대한 설명으로 옳지 않은 것은?

〈주요 곡물별 수급 현황〉

(단위 : 백만 톤)

구분		2022년	2023년	2024년
소맥	생산량	695	650	750
	소비량	697	680	735
옥수수	생산량	885	865	950
	소비량	880	860	912
대두	생산량	240	245	260
	소비량	237	240	247

① 2022 ~ 2024년까지 대두의 생산량과 소비량이 지속적으로 증가하였다.
② 전체적으로 2024년에 생산과 소비가 가장 활발하였다.
③ 2023년에 옥수수는 다른 곡물에 비해 전년 대비 소비량의 변화가 가장 작았다.
④ 2022년 전체 곡물 생산량과 2024년 전체 곡물 생산량의 차이는 140백만 톤이다.

25 다음은 연도별 사교육의 과목별 동향에 대한 자료이다. 이에 대한 〈보기〉의 설명 중 옳은 것을 모두 고르면?

〈과목별 동향〉

(단위 : 명, 만 원)

구분		2019년	2020년	2021년	2022년	2023년	2024년
국·영·수	월 최대 수강자 수	350	385	379	366	360	378
	월 평균 수강자 수	312	369	371	343	341	366
	월 평균 수업료	55	65	70	70	70	75
탐구	월 최대 수강자 수	241	229	281	315	332	301
	월 평균 수강자 수	218	199	253	289	288	265
	월 평균 수업료	35	35	40	45	50	50

〈보기〉

ㄱ. 2020 ~ 2024년 동안 전년 대비 국·영·수의 월 최대 수강자 수와 월 평균 수강자 수는 같은 증감 추이를 보인다.

ㄴ. 2020 ~ 2024년 동안 전년 대비 국·영·수의 월 평균 수업료는 월 최대 수강자 수와 같은 증감 추이를 보인다.

ㄷ. 국·영·수의 월 최대 수강자 수의 전년 대비 증가율은 2020년에 가장 높다.

ㄹ. 2019 ~ 2024년 동안 월 평균 수강자 수가 국·영·수 과목이 최대였을 때는 탐구 과목이 최소였고, 국·영·수 과목이 최소였을 때는 탐구 과목이 최대였다.

① ㄴ   ② ㄷ

③ ㄱ, ㄷ   ④ ㄱ, ㄹ

26 다음은 상품 A, B의 1년 동안의 계절별 판매량을 나타낸 자료이다. 이에 대한 설명으로 옳지 않은 것은?

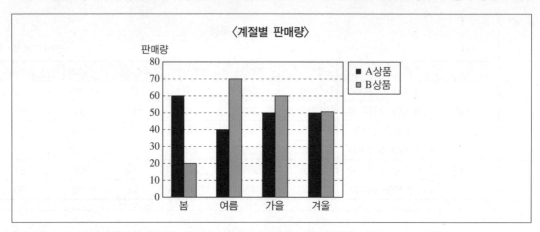

① 상품 A와 B의 연간 판매량은 거의 같다.
② A 상품 판매량의 표준편차가 상품 B의 것보다 크다.
③ 상품 A와 B판매량의 합이 가장 적은 계절은 봄이다.
④ 두 상품의 판매량의 차는 시간이 지남에 따라 감소한다.

27 다음은 연도별 축산물 수입 추이를 나타낸 자료이다. 이에 대한 설명으로 옳지 않은 것은?

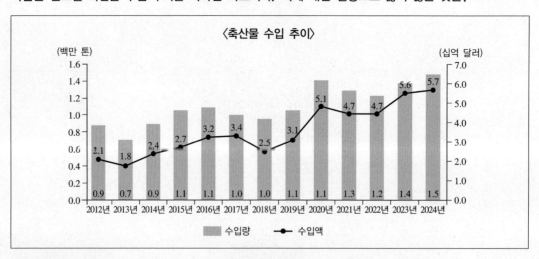

① 2024년 축산물 수입량은 2014년 대비 약 67% 증가하였다.
② 처음으로 2012년 축산물 수입액의 두 배 이상 수입한 해는 2020년이다.
③ 전년 대비 축산물 수입액의 증가율이 가장 높았던 해는 2020년이다.
④ 축산물 수입량과 수입액의 변화 추이는 동일하다.

28 다음은 연도별 산림병해충 방제 현황에 대한 자료이다. 이에 대한 설명으로 옳은 것은?

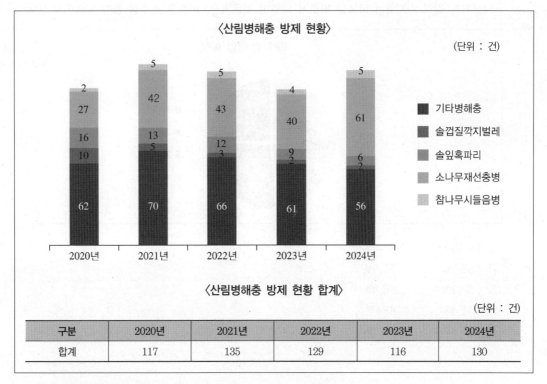

〈산림병해충 방제 현황〉
(단위 : 건)

구분	2020년	2021년	2022년	2023년	2024년
합계	117	135	129	116	130

〈산림병해충 방제 현황 합계〉
(단위 : 건)

① 기타병해충에 대한 방제는 매해 두 번째로 큰 비율을 차지한다.
② 매해 솔잎혹파리가 차지하는 방제 비율은 10% 미만이다.
③ 단일 항목 중 조사 기간 내 변동폭이 가장 큰 방제는 소나무재선충병에 대한 방제이다.
④ 기타병해충과 소나무재선충병에 대한 방제는 서로 동일한 증감 추이를 보인다.

29 다음은 S은행 영업부에서 작년 분기별 영업 실적을 나타낸 자료이다. 작년 전체 실적에서 1 ~ 2분기와 3 ~ 4분기가 각각 차지하는 비중을 바르게 나열한 것은?(단, 비중은 소수점 둘째 자리에서 반올림한다)

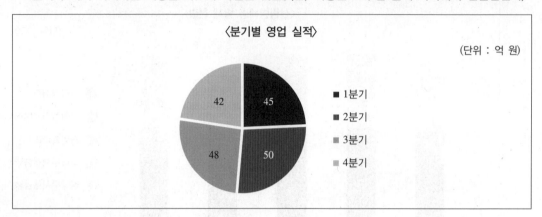

	1 ~ 2분기	3 ~ 4분기
①	48.6%	51.4%
②	50.1%	46.8%
③	51.4%	48.6%
④	46.8%	50.1%

30 다음은 연도별 국제우편 접수 매출액 현황 자료이다. 이에 대한 설명으로 옳지 않은 것은?

〈국제우편 접수 매출액 현황〉

(단위 : 백만 원)

구분	2020년	2021년	2022년	2023년	2024년				
					계	1/4분기	2/4분기	3/4분기	4/4분기
국제통상	16,595	17,002	19,717	26,397	34,012	7,677	7,552	8,000	10,783
국제소포	17,397	17,629	19,794	20,239	21,124	5,125	4,551	5,283	6,165
국제특급	163,767	192,377	229,012	243,416	269,674	62,784	60,288	61,668	84,934
합계	197,759	227,008	268,523	290,052	324,810	75,586	72,391	74,951	101,882

① 2024년 4/4분기 매출액이 2024년 다른 분기에 비해 가장 높다.
② 2024년 국제소포 분야 매출액의 2020년 대비 증가율은 10% 미만이다.
③ 2024년 매출액 증가율이 2020년 대비 가장 큰 분야는 국제통상 분야의 매출액이다.
④ 2023년 국제통상 분야의 매출액 비율은 10% 미만이다.

31 다음은 실업자 및 실업률 추이에 대한 자료이다. 2023년 11월의 실업률은 2024년 2월 대비 얼마나 증감했는가?(단, 소수점 첫째 자리에서 반올림한다)

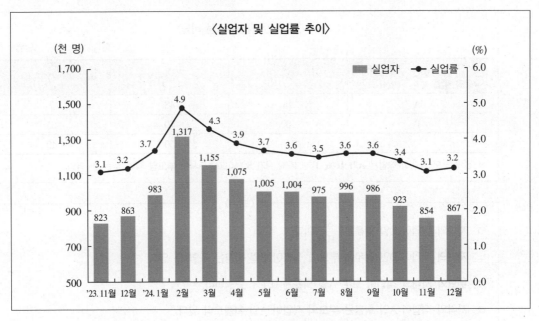

① − 37%

② − 36%

③ − 35%

④ + 37%

32 다음은 S지역에서 세대 간 직업이동성을 알아보기 위하여 임의로 표본 추출하여 조사한 자료이다. 직업은 편의상 A ~ C로 구분하였으며 이에 대한 〈보기〉의 설명 중 옳은 것을 모두 고르면?

〈세대 간 직업이동성 비율〉

(단위 : %)

부모의 직업＼자녀의 직업	A	B	C
A	45	48	7
B	5	70	25
C	1	50	49

※ 전체 부모 세대의 직업은 A가 10%, B가 40%, C가 50%이고, 조사한 부모당 자녀 수는 한 명임

─〈보기〉─

ㄱ. 자녀의 직업이 C일 확률은 $\dfrac{81}{100}$ 이다.

ㄴ. 자녀의 직업이 B인 경우에 부모의 직업이 C일 확률은 구할 수 없다.

ㄷ. 부모와 자녀의 직업이 모두 A일 확률은 $0.1 \times \dfrac{45}{100}$ 이다.

ㄹ. 자녀의 직업이 A일 확률은 부모의 직업이 A일 확률보다 낮다.

① ㄱ, ㄷ   ② ㄱ, ㄹ

③ ㄴ, ㄷ   ④ ㄷ, ㄹ

33 다음은 세계 각국의 경제성장과 1차 에너지소비 간의 인과관계를 분석한 결과이다. 이에 대한 〈보기〉의 설명 중 옳은 것을 모두 고르면?

〈경제성장과 1차 에너지소비 간의 인과관계〉

구분	한국	일본	영국	미국	캐나다	프랑스	이탈리아	독일
경제성장 → 에너지소비	O	O	×	×	O	O	×	×
경제성장 ← 에너지소비	×	×	×	×	×	×	×	×
경제성장 ↔ 에너지소비	×	×	×	×	×	×	×	×

〈보기〉
ㄱ. 미국, 영국, 독일 및 이탈리아에서 경제성장과 1차 에너지소비 사이에는 아무런 인과관계가 존재하지 않음이 발견되었다.
ㄴ. 캐나다, 프랑스, 일본에서는 에너지소비절약 정책이 경제구조를 왜곡시키지 않고 추진할 수 있는 유용한 정책임을 알 수 있다.
ㄷ. 한국에서는 범국민 차원에서 '에너지소비절감 10%'정책이 추진되고 있는데, 이는 경제성장에 장애를 유발할 가능성이 있음을 알 수 있다.
ㄹ. 모든 G7 국가에서는 경제성장과 1차 에너지소비간의 관계가 상호독립적임을 알 수 있다.

① ㄱ, ㄴ
② ㄷ, ㄹ
③ ㄱ, ㄷ
④ ㄴ, ㄹ

34 다음은 2020 ~ 2024년 S사의 경제 분야 투자에 대한 자료이다. 이에 대한 설명으로 옳지 않은 것은?

〈S사의 경제 분야 투자 규모〉

(단위 : 억 원, %)

구분	2020년	2021년	2022년	2023년	2024년
경제 분야 투자 규모	20	24	23	22	21
총지출 대비 경제 분야 투자 규모 비중	6.5	7.5	8	7	6

① 2024년 총지출은 320억 원 이상이다.
② 2021년 경제 분야 투자 규모의 전년 대비 증가율은 25% 이하이다.
③ 2022년이 2023년보다 경제 분야 투자 규모가 전년에 비해 큰 비율로 감소하였다.
④ 2020 ~ 2024년 동안 경제 분야에 투자한 금액은 110억 원이다.

35 다음은 I공항의 연도별 세관물품 신고 수에 대한 자료이다. 〈보기〉를 바탕으로 A ~ D에 들어갈 물품으로 바르게 나열된 것은?

〈연도별 세관물품 신고 수〉

(단위 : 만 건)

구분	2018년	2019년	2020년	2023년	2024년
A	3,547	4,225	4,388	5,026	5,109
B	2,548	3,233	3,216	3,410	3,568
C	3,753	4,036	4,037	4,522	4,875
D	1,756	2,013	2,002	2,135	2,647

〈보기〉

㉠ 가전류와 주류의 2019 ~ 2021년까지 전년 대비 세관물품 신고 수는 증가와 감소가 반복되었다.
㉡ 2022년도 담배류 세관물품 신고 수의 전년 대비 증가량은 두 번째로 많다.
㉢ 2019 ~ 2022년 동안 매년 세관물품 신고 수가 가장 많은 것은 잡화류이다.
㉣ 2021년도 세관물품 신고 수의 전년 대비 증가율이 세 번째로 높은 것은 주류이다.

	A	B	C	D
①	잡화류	담배류	가전류	주류
②	담배류	주류	가전류	가전류
③	잡화류	가전류	담배류	주류
④	가전류	담배류	잡화류	주류

36 다음은 유럽 3개국 수도의 30년간 인구수 변화를 나타낸 자료이다. 이에 대한 설명으로 옳지 않은 것은?

〈유럽 3개국 수도 인구수〉

(단위 : 천 명)

구분	1994년	2004년	2014년	2024년
A도시	9,725	10,342	10,011	9,860
B도시	6,017	8,305	12,813	20,384
C도시	30,304	33,587	35,622	38,001

① 세 도시 중 조사기간 동안 인구가 감소한 도시가 있다.

② 2014년을 기점으로 인구수가 2번째로 많은 도시가 바뀐다.

③ B도시는 조사기간 동안 언제나 세 도시 중 가장 높은 인구 증가율을 보인다.

④ 연도별 인구가 최소인 도시의 인구수 대비 인구가 최대인 도시의 인구수의 비는 계속 감소한다.

37 다음은 2024년 1월 기준 코로나19 확진자 발생 현황에 대한 자료이다. 이에 대한 〈보기〉의 설명 중 옳지 않은 것을 모두 고르면?

〈코로나19 확진자 발생 현황〉

(단위 : 명)

구분	확진자	치료중	퇴원	소속기관별 확진자							
				유	초	중	고	특수	각종	학평	행정기관
학생	1,203	114	1,089	56	489	271	351	14	12	10	–
교직원	233	7	226	16	73	68	58	9	3	–	6

─〈보기〉─

ㄱ. 확진자 중 퇴원수의 비율은 교직원이 학생보다 6% 이상 높다.

ㄴ. 학생 확진자 중 초등학생 비율은 전체 확진자 중 초등 소속(학생+교직원) 비율보다 낮다.

ㄷ. 전체 확진자 중 고등학생의 비율은 전체 학생 수 중 유치원생의 비율의 8배 이상이다.

ㄹ. 고등학교와 중학교 소속 확진자는 전체 확진자의 과반수 이상이다.

① ㄱ, ㄴ

② ㄷ, ㄹ

③ ㄴ, ㄷ

④ ㄴ, ㄹ

※ 다음은 연도별 특수취급우편물 연도별 이용량이다. 이어지는 질문에 답하시오. **[38~39]**

〈특수취급우편물 이용량〉

(단위 : 건)

특수취급 우편물종별		2021년	2022년	2023년	2024년
보험취급	통화	23	14	15	11
	물품	22	20	26	24
	유가증권	536	512	448	413
내용증명	소계	7,138	6,912	6,920	7,234
배달증명	통상	2,383	1,926	1,607	1,799
	소포	12	17	16	13
선거우편	소계	–	–	4,256	3,186
대금교환	소포	5	4	8	4
국내특급	통상	94,950	93,153	91,214	86,309
	소포	415	383	410	410
특별송달	소계	16,973	13,144	10,678	7,772
민원우편	소계	282	300	275	257
모사전송우편	소계	2,995	2,694	2,382	2,100

38 위 자료의 2023년 대비 2024년에 이용 건수의 증감량이 세 번째로 큰 우편물종은?

① 내용증명
② 통상 배달증명
③ 선거우편
④ 통상 국내특급

39 다음 〈보기〉의 설명 중 위 자료에 대한 설명으로 옳지 않은 것을 모두 고르면?

─〈보기〉─

ㄱ. 내용증명과 대금교환의 2022년부터 2024년까지 전년 대비 증감 추이는 동일하다.
ㄴ. 2021년 통상 국내특급과 특별송달 이용 건수의 합은 12만 건을 넘는다.
ㄷ. 2021년 대비 2024년에 이용 건수가 감소한 우편물종은 6가지이다.
ㄹ. 2024년 전체 특수취급우편물종 이용 건수는 10만 건을 초과한다.

① ㄱ, ㄴ, ㄷ
② ㄱ, ㄴ, ㄹ
③ ㄱ, ㄷ, ㄹ
④ ㄴ, ㄷ, ㄹ

40 다음은 연도별 20대 남녀의 흡연율과 음주율을 조사한 자료이다. 이에 대한 〈보기〉의 설명 중 옳은 것을 모두 고르면?

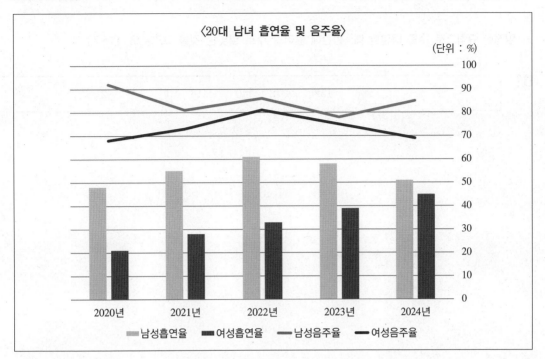

〈보기〉
⊙ 남성과 여성의 흡연율은 동일한 추이를 보인다.
ⓒ 남성흡연율이 가장 낮은 연도와 여성흡연율이 가장 낮은 연도는 동일하다.
ⓒ 남성은 음주율이 가장 낮은 해에 흡연율도 가장 낮다.
ⓔ 2022년 남성과 여성의 음주율 차이는 10%p 이상이다.

① ⊙   ② ⓒ
③ ⓒ, ⓔ   ④ ⊙, ⓒ

※ 일정한 규칙으로 수를 나열할 때, 빈칸에 들어갈 수로 알맞은 것을 고르시오. [1~7]

01

| −296 | 152 | −72 | 40 | −16 | ( ) | −2 |

① 4   ② 7

③ 8   ④ 12

02

| 7 | 20 | 59 | 176 | 527 | ( ) |

① 1,482   ② 1,580

③ 1,582   ④ 1,680

03

| 4 | −1 | 2 | −3 | 6 | 1 | −2 | −7 | 14 | ( ) |

① 2   ② 9

③ 19   ④ −28

04

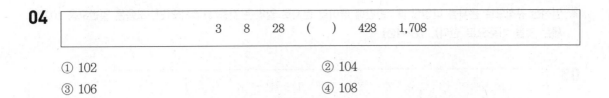

| | 3 | 8 | 28 | ( ) | 428 | 1,708 |

① 102   ② 104
③ 106   ④ 108

05

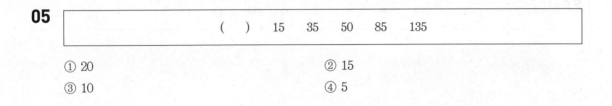

| ( ) | 15 | 35 | 50 | 85 | 135 |

① 20   ② 15
③ 10   ④ 5

06

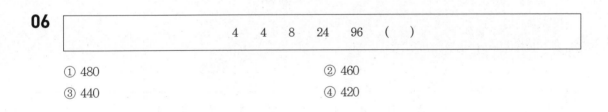

| 4 | 4 | 8 | 24 | 96 | ( ) |

① 480   ② 460
③ 440   ④ 420

07

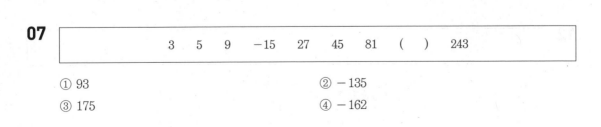

| 3 | 5 | 9 | −15 | 27 | 45 | 81 | ( ) | 243 |

① 93   ② −135
③ 175   ④ −162

※ 일정한 규칙으로 문자를 나열할 때, 빈칸에 들어갈 문자로 알맞은 것을 고르시오(단, 모음은 일반모음 10개만 세는 것을 기준으로 한다). **[8~12]**

08

| Z Y W T P K ( ) |

① E   ② G
③ H   ④ L

09

| ㅎ ㅌ ㅋ ㅈ ㅇ ㅂ ㅁ ( ) |

① ㄷ   ② ㅁ
③ ㅅ   ④ ㅊ

10

| A 4 I 16 Y 36 W ( ) |

① 52   ② 64
③ 72   ④ 86

11

| A B 3 T V 42 X Y ( ) |

① 22   ② 31
③ 49   ④ 52

12

| 1 3 2 F 2 5 7 N 3 6 9 ( ) |

① K   ② P
③ R   ④ W

※ 다음 〈조건〉을 보고 ?에 들어갈 도형을 고르시오. **[13~14]**

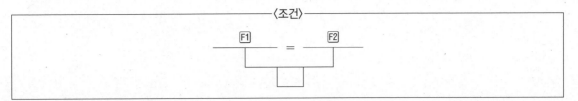

13

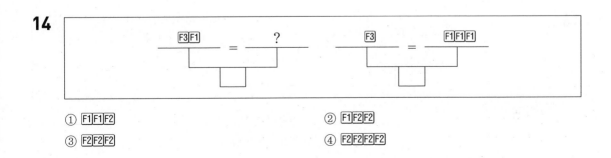

① F1 F2
② F1 F1 F1
③ F1 F1 F1 F1
④ F1 F2 F2

14

① F1 F1 F2
② F1 F2 F2
③ F2 F2 F2
④ F2 F2 F2 F2

※ 다음 〈조건〉을 보고 ?에 들어갈 도형을 고르시오. [15~16]

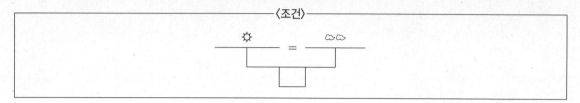

15

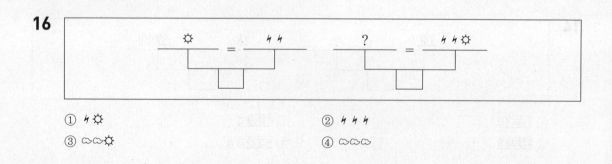

① ∽∽🝊
② ∽∽∽
③ ☼
④ ☼∽

16

① ⚡☼
② ⚡⚡⚡
③ ∽∽☼
④ ∽∽∽

※ 다음 〈조건〉을 보고 ?에 들어갈 도형을 고르시오. [17~18]

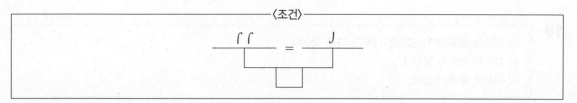

17

① ʃ ʃ J J
② ʃ ʃ ʃ J
③ ʃ ʃ ʃ ʃ
④ J J J J

18

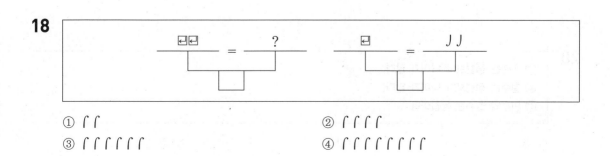

① ʃ ʃ
② ʃ ʃ ʃ ʃ
③ ʃ ʃ ʃ ʃ ʃ
④ ʃ ʃ ʃ ʃ ʃ ʃ

※ 다음 ⊙, ⓒ의 명제를 보고 ⓒ의 참, 거짓, 알 수 없음을 고르시오. [19~20]

19

⊙ 나무에 물을 주지 않으면 나무가 마를 것이다.
ⓒ 나무는 마르지 않았다.
ⓒ 나무에 물을 주었다.

① 참   ② 거짓   ③ 알 수 없음

20

⊙ 민수는 정현보다 나이가 많다.
ⓒ 철수는 정현보다 나이가 많다.
ⓒ 민수와 철수는 동갑이다.

① 참   ② 거짓   ③ 알 수 없음

※ [제시문 A]를 읽고, [제시문 B]가 참인지 거짓인지 혹은 알 수 없는지 고르시오. **[21~22]**

21

[제시문 A]
- A : 아! 정말, 이 강아지 귀엽다. 요크셔테리어 아닌가?
- B : 맞아, 강아지에 대해서 잘 아네.
- A : 응, 그런데 머리털을 보라색으로 브리치 해서 더욱 앙증맞아.
- B : 다음번에는 연두색으로 분위기를 바꿔 볼까 봐.
- A : 참, 그런데 아파트에서 강아지 키워도 돼?
- B : 응, 이 강아지는 짖지 않아서 괜찮아.

[제시문 B]
짖지 않는 강아지는 아파트에서 키울 수 있다.

① 참   ② 거짓   ③ 알 수 없음

22

[제시문 A]
- 수박과 참외는 과즙이 많은 과일이다.
- 과즙이 많은 과일은 섭취하면 갈증해소와 이뇨작용에 좋다.

[제시문 B]
수박과 참외는 갈증해소와 이뇨작용에 좋다.

① 참   ② 거짓   ③ 알 수 없음

- A~D 네 사람이 각각 빨간색, 파란색, 노란색, 초록색의 모자, 티셔츠, 바지를 입고 있다.
- 한 사람이 입고 있는 모자, 티셔츠, 바지의 색깔은 서로 겹치지 않는다.
- 네 가지 색깔의 의상들은 각각 한 벌씩밖에 없다.
- A는 빨간색을 입지 않았다.
- C는 초록색을 입지 않았다.
- D는 노란색 티셔츠를 입었다.
- C는 빨간색 바지를 입었다.

23 A의 티셔츠와 C의 모자의 색상은 서로 같다.

① 참   ② 거짓   ③ 알 수 없음

24 B의 모자와 D의 바지의 색상은 서로 같다.

① 참   ② 거짓   ③ 알 수 없음

- 강훈이와 소영이는 다섯 개의 공 중 서로 두 개씩 나누어 가졌다.
- 두 사람의 공을 포함하여 검은색이 3개, 흰색이 2개라는 사실과 상대의 공 개수는 알고 있다.
- 상대방이 무슨 색깔의 공을 가졌는지는 알지 못한다.

25 소영이가 강훈이의 공 색깔을 맞힐 수 없다고 말했을 때, 소영이의 공 색깔은 모두 검정색이거나 검정색과 흰색이다.

① 참   ② 거짓   ③ 알 수 없음

26 강훈이의 공 색깔이 모두 흰색인 경우 소영이는 강훈이의 공 색깔을 맞힐 수 있다.

① 참   ② 거짓   ③ 알 수 없음

- 정선, 은정, 희경, 소미는 병원에 방문하였고, 방문한 손님들의 병명은 몸살, 배탈, 치통, 피부병이다.
- 은정이의 약은 B에 해당하고, 은정이는 몸살이나 배탈 환자가 아니다.
- A는 배탈 환자에 사용되는 약이 아니다.
- D는 연고를 포함하고 있는데, 이 연고는 피부병에만 사용된다.
- 희경이는 임산부이고, A와 D에는 임산부가 먹어서는 안 되는 약품이 사용되었다.
- 소미는 몸살 환자가 아니다.

27 A는 치통약이다.

① 참   ② 거짓   ③ 알 수 없음

28 희경이는 배탈이 났다.

① 참   ② 거짓   ③ 알 수 없음

※ 다음 명제를 읽고 각 문제가 항상 참이면 ①, 거짓이면 ②, 알 수 없으면 ③을 고르시오. [29~31]

- 현우는 국어, 수학, 사회, 과학 성적표를 받았다.
- 과목당 만점은 100점이다.
- 국어와 사회 점수의 차이는 7점이다.
- 과학은 수학보다 5점 높다.
- 사회는 과학보다 15점 낮다.

29 국어가 80점이면 과학은 85점이다.

① 참   ② 거짓   ③ 알 수 없음

30 국어가 70점이면 사회는 77점이다.

① 참   ② 거짓   ③ 알 수 없음

31 사회가 73점이면 수학은 83점이다.

① 참   ② 거짓   ③ 알 수 없음

※ 다음 명제가 모두 참일 때, 반드시 참인 명제를 고르시오. [32~35]

32

- 어떤 안경은 바다를 좋아한다.
- 바다를 좋아하는 것은 유리로 되어 있다.
- 모든 유리로 되어 있는 것은 열쇠이다.

① 모든 안경은 열쇠이다.

② 유리로 되어 있는 어떤 것 중 안경이 있다.

③ 바다를 좋아하는 모든 것은 안경이다.

④ 바다를 좋아하는 어떤 것은 유리로 되어 있지 않다.

33

- 착한 사람은 거짓말을 하지 않는다.
- 성실한 사람은 모두가 좋아한다.
- 거짓말을 하지 않는 사람은 모두가 좋아한다.

① 착한 사람은 모두가 좋아한다.

② 거짓말을 하지 않는 사람은 성실한 사람이다.

③ 모두가 좋아하는 사람은 착한 사람이다.

④ 성실한 사람은 착한 사람이다.

34

- 어떤 학생은 음악을 즐긴다.
- 모든 음악을 즐기는 것은 나무로 되어 있다.
- 나무로 되어 있는 것은 모두 악기다.

① 어떤 학생은 악기다.

② 모든 학생은 악기다.

③ 모든 음악을 즐기는 것은 학생이다.

④ 어떤 음악을 즐기는 것은 나무로 되어 있지 않다.

35

> - 책은 휴대할 수 있고, 값이 싸며, 읽기 쉬운 데 반해 컴퓨터는 들고 다닐 수가 없고, 값도 비싸며, 전기도 필요하다.
> - 전자 기술의 발전은 이런 문제를 해결할 것이다. 조만간 지금의 책 크기만 한, 아니 더 작은 컴퓨터가 나올 것이고, 컴퓨터 모니터도 훨씬 정교하고 읽기 편해질 것이다.
> - 조그만 칩 하나에 수백 권 분량의 정보가 기록될 것이다.

① 컴퓨터는 종이책을 대신할 것이다.
② 컴퓨터는 종이책을 대신할 수 없다.
③ 컴퓨터도 종이책과 함께 사라질 것이다.
④ 종이책의 역사는 앞으로도 계속될 것이다.

36 다음 명제를 바탕으로 결론을 내릴 때, 아래의 결론 중에서 참인지 거짓인지 알 수 없는 것은?

> - 월계 빌라의 주민들은 모두 A의 친척이다.
> - B는 자식이 없다.
> - C는 A의 오빠이다.
> - D는 월계 빌라의 주민이다.
> - A의 아들은 미국에 산다.

① A의 아들은 C와 친척이다.
② D는 A와 친척 간이다.
③ B는 월계 빌라의 주민이다.
④ A와 D는 둘 다 남자이다.

37 A ~ D 4명은 취미로 꽃꽂이, 댄스, 축구, 농구 중에 한 가지 활동을 한다. 모든 사람은 취미 활동을 하며 겹치지 않는다. 다음 〈조건〉을 바탕으로 항상 참인 것은?

> ─────〈조건〉─────
> - A는 축구와 농구 중에 한 가지 활동을 한다.
> - B는 꽃꽂이와 축구 중에 한 가지 활동을 한다.
> - C의 취미는 꽃꽂이를 하는 것이다.

① B는 축구 활동을, D는 농구 활동을 한다.
② A는 농구 활동을, D는 댄스 활동을 한다.
③ A는 댄스 활동을, B는 축구 활동을 한다.
④ B는 축구 활동을 하지 않으며, D는 댄스 활동을 한다.

38 범죄 용의자로 갑~병 세 사람이 불려왔다. 범인은 거짓말을 하며, 범인이 아닌 사람은 진실을 이야기한다. 이들의 진술이 다음과 같을 때, 범인은?

> • 갑 : 을이 범인이다.
> • 을 : 병이 범인이다.
> • 병 : 나는 범인이 아니다.

① 갑   ② 을
③ 병   ④ 갑과을

39 A~D 4명은 일정 금액 이상 구매 시 추첨을 통해 경품을 제공하는 백화점 이벤트에 응모하였다. 얼마 후 당첨자가 발표되었고, 이들 중 1명이 1등에 당첨되었으며 1명이 거짓말을 한다고 할 때, 1등 당첨자는?

> • A : C는 1등이 아닌 3등에 당첨됐어.
> • B : D가 1등에 당첨됐고, 나는 2등에 당첨됐어.
> • C : A가 1등에 당첨됐어.
> • D : C의 말은 거짓이야.

① A   ② B
③ C   ④ D

40 다음 명제가 모두 참일 때, 참이 아닌 것은?

> • 사과 수확량이 감소하면, 사과 가격이 상승한다.
> • 사과 소비량이 감소하면, 사과 수확량이 감소한다.
> • 사과 수확량이 감소하지 않으면, 사과 주스 가격이 상승하지 않는다.

① 사과 주스의 가격이 상승하면, 사과 가격이 상승한다.
② 사과 가격이 상승하지 않으면, 사과 수확량이 감소하지 않는다.
③ 사과 수확량이 감소하지 않으면, 사과 소비량이 감소하지 않는다.
④ 사과 소비량이 감소하지 않으면, 사과 주스 가격이 상승하지 않는다.

제3영역 지각능력검사

※ 다음 〈보기〉는 우리나라의 국경일이다. 이어지는 질문에 답하시오. **[1~3]**

┌─────────────〈보기〉─────────────┐
│ ㉠ 한글날   ㉡ 광복절   │
│ ㉢ 제헌절   ㉣ 현충일   │
└──────────────────────────────┘

01 다음 설명에 해당하는 것을 〈보기〉에서 고르면?

> • 6월 6일이다.
> • 나라를 위하여 싸우다 숨진 장병과 순국선열들의 충성을 기리는 날이다.

① ㉠   ② ㉡

③ ㉢   ④ ㉣

02 다음 설명에 해당하는 것을 〈보기〉에서 고르면?

> • 7월 17일이다.
> • 우리나라의 헌법을 제정·공포한 것을 기념하기 위하여 제정한 날이다.

① ㉠   ② ㉡

③ ㉢   ④ ㉣

03 다음 설명에 해당하는 것을 〈보기〉에서 고르면?

> • 10월 9일이다.
> • 세종 대왕이 창제한 훈민정음의 반포를 기념하기 위하여 제정한 날이다.

① ㉠   ② ㉡

③ ㉢   ④ ㉣

※ 다음은 S대학 학생코드에 대한 자료이다. 이어지는 질문에 답하시오. **[4~6]**

〈학생코드〉

[입학연도] − [입학전형] − [캠퍼스] − [전공학과] − [성별] − [성] − [이름] − [재학여부]

- 다음 학생코드는 2024년 기준 학생코드이다. 해당 학생코드의 마지막 두 자리를 제외하고는 모두 고정적인 코드이며 마지막 두 자리는 매년 각 학생의 상황에 따라 변동될 수 있다.

〈학생코드 세부사항〉

입학연도	입학전형	캠퍼스	전공학과
19 : 2019년도 20 : 2020년도 21 : 2021년도 22 : 2022년도 23 : 2023년도 24 : 2024년도 …	X : 수시전형 Y : 정시전형 Z : 편입전형	GS : 서울캠퍼스 GI : 인천캠퍼스 GK : 부산캠퍼스	NU : 간호과 PH : 물리치료과 RA : 방사선과 MO : 운동재활과 EM : 응급구조과 ME : 의예과 DE : 치위생과 BI : 의용생체과

성별	성	이름	재학여부
M : 남성 W : 여성	대문자로 영문 첫 알파벳 기입 예 김 − K	소문자로 영문 전체 기입 (+숫자) 예 같은 이름이 없을 경우 '하람' → haram 예 같은 이름이 2명 이상일 경우, 임의로 이름 뒤에 숫자를 기입하여 구분 '하람' → haram1 haram2 haram3 …	−IN : 재학 −AB : 휴학 −GR : 졸업 −DR : 자퇴

* 모든 코드가 동일할 경우(재학여부 제외) 임의로 이름 끝에 숫자를 기입하여 구분

예 2024년 수시전형으로 인천 캠퍼스 간호학과에 입학한 남성이 강하람 1명, 김하람 2명으로 이름이 하람인 학생이 총 3명 있을 경우, 임의로 다음과 같이 구분함
- 강하람 : 24XGINUMKharam1−IN
- 김하람 : 24XGINUMKharam2−IN
- 김하람 : 24XGINUMKharam3−IN

04 다음은 S대학 학생 G의 2024년 기준 학생코드이다. 이에 대한 설명으로 가장 적절한 것은?

23YGSRAMSjeaha2-IN

① 2023년도 정시전형으로 서울캠퍼스 방사선과에 입학한 남성 중 재하라는 이름을 가진 학생은 총 2명이다.
② 학생 A는 2022년에 첫 수능을 응시하였다.
③ 학생 A가 재학 중인 캠퍼스는 수도권이다.
④ 학생 A의 성은 '심'이다.

05 다음은 S대학 학생 갑에 대한 정보이다. 갑의 2024년 학생코드로 옳은 것은?

갑은 2022년 가을, S대학 수시전형 지원을 하였지만 탈락하였다. 하지만 같은 해 수능을 응시하고 정시전형을 지원한 결과 최종합격을 하게 되어 2023년 S대학 인천캠퍼스 의예과에 입학하였다. 갑의 이름은 '이주영(LEE JU YOUNG)'으로 갑과 같은 연도에 입학한 사람 중 '주영'라는 이름을 가진 사람은 없었다. 갑은 여성으로 2023년 1학년을 마친 후, 같은 해 12월 휴학하였다.

① 22YGIMEWLjuyoung-IN
② 22YGIMEWLjuyoung-AB
③ 23YGIMEWLjuyoung-IN
④ 23YGIMEWLjuyoung-AB

06 다음 〈보기〉 중 S대학 학생코드로 적합한 것은 몇 개인가?

─〈보기〉─
• 19XGSDEWKhayeon-IM
• 21ZGKMMWHyisoo-GR
• 22ZGIRAWKhanha0-AB
• 24YGIMOMMria-IN

① 0개   ② 1개
③ 2개   ④ 3개

※ 제시된 도형과 동일한 도형을 〈보기〉에서 찾아 몇 번째에 위치하는지 고르시오(단, 가장 왼쪽 도형을 시작 지점으로 한다). **[7~10]**

〈보기〉
☯ ♈ ⛉ 📖 📄 ☼ ♋ ♍

07

📖

① 3번째 ② 4번째
③ 6번째 ④ 7번째

08

📄

① 1번째 ② 2번째
③ 5번째 ④ 7번째

09

⛉

① 3번째 ② 4번째
③ 5번째 ④ 6번째

10

♍

① 2번째 ② 4번째
③ 5번째 ④ 8번째

11 다음 문자나 숫자를 오름차순으로 나열하였을 때, 1번째에 오는 문자나 수는?

8 F 9 L 7 S

① 7   ② L

③ 9   ④ F

12 다음 문자를 오름차순으로 나열하였을 때, 1번째에 오는 문자는?

E H I D G B

① E   ② H

③ D   ④ B

13 다음 문자를 오름차순으로 나열하였을 때, 5번째에 오는 문자는?

ㄱ ㅑ ㅁ ㅓ ㅍ ㅣ

① ㅁ   ② ㅓ

③ ㅍ   ④ ㅣ

14 다음 문자를 오름차순으로 나열하였을 때, 1번째에 오는 문자는?

ㄱ ㅌ ㄷ ㅅ ㅈ ㅋ

① ㅌ   ② ㅋ

③ ㄷ   ④ ㄱ

15 다음 문자나 수를 오름차순으로 나열하였을 때, 2번째에 오는 문자나 수는?

h 2 y 11 12 z

① 11   ② 2
③ h   ④ y

16 다음 문자를 내림차순으로 나열하였을 때, 3번째에 오는 문자는?

R H C L M S

① M   ② R
③ L   ④ S

17 다음 문자를 내림차순으로 나열하였을 때, 6번째에 오는 문자는?

K H J I R W

① K   ② H
③ J   ④ I

18 다음 문자를 내림차순으로 나열하였을 때, 6번째에 오는 문자는?

ㅕ ㅗ ㅊ ㅜ ㅂ ㄷ

① ㅂ   ② ㅗ
③ ㄷ   ④ ㅕ

19 다음 문자를 내림차순으로 나열하였을 때, 3번째에 오는 문자는?

P Y F W R Q

① Y   ② F
③ R   ④ Q

20 다음 문자나 수를 내림차순으로 나열하였을 때, 4번째에 오는 문자나 수는?

20   V   18   S   Q   23

① V   ② 18
③ S   ④ Q

※ 다음 제시된 도형과 같은 것을 고르시오. [21~30]

21

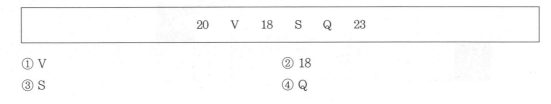

①   ②

③   ④

22

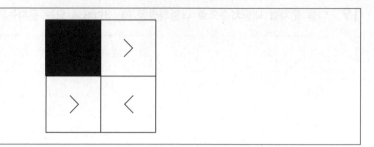

①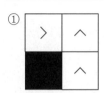

②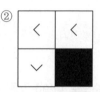

③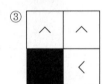

④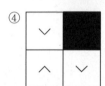

23

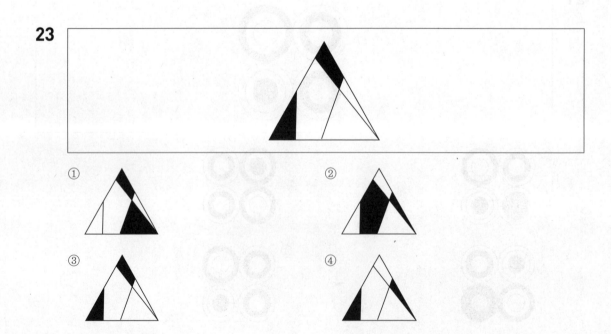

24

①

②

③

④

25

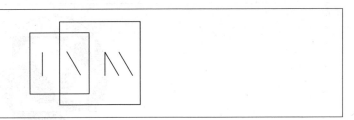

①

②

③

④

26

①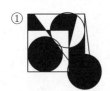

②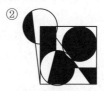

③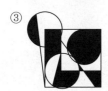

④

27

①

②

③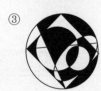

④

28

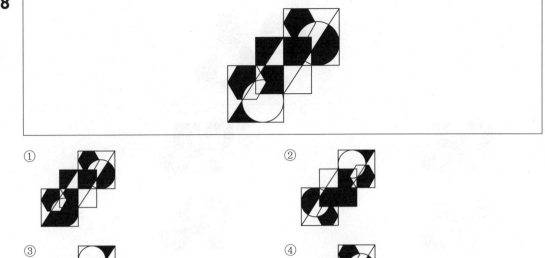

① ② ③ ④

29

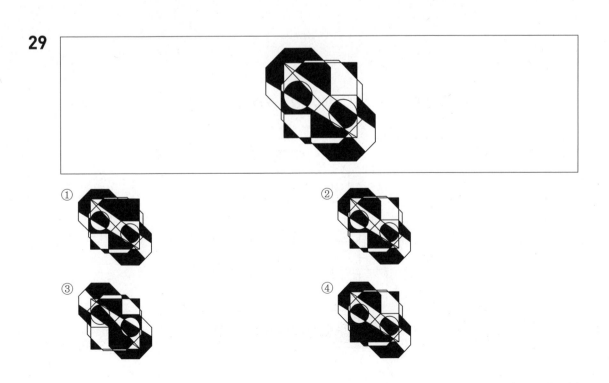

① ② ③ ④

30

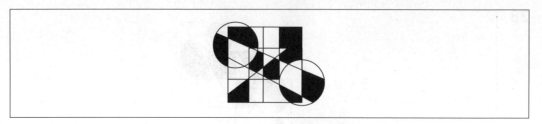

①   ②

③    ④

※ 다음 블록의 개수는 몇 개인지 고르시오(단, 보이지 않는 곳의 블록은 있다고 가정한다). **[31~40]**

31

① 51개   ② 52개

③ 53개   ④ 54개

32

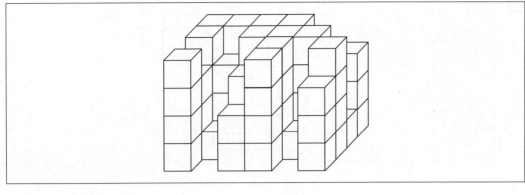

① 74개   ② 73개
③ 72개   ④ 71개

33

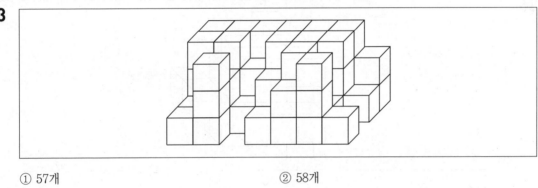

① 57개   ② 58개
③ 59개   ④ 60개

34

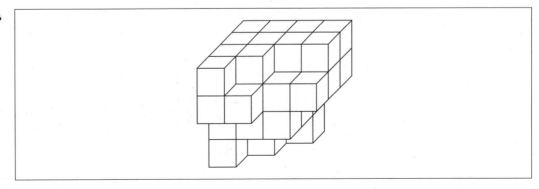

① 43개   ② 41개
③ 40개   ④ 37개

35

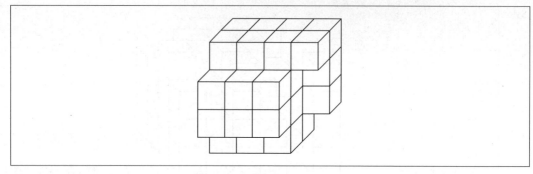

① 37개   ② 36개
③ 35개   ④ 34개

36

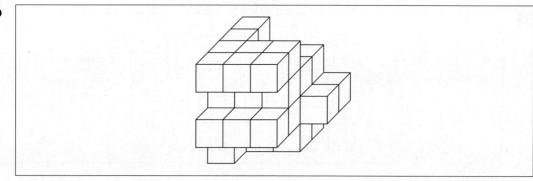

① 40개   ② 39개
③ 38개   ④ 37개

37

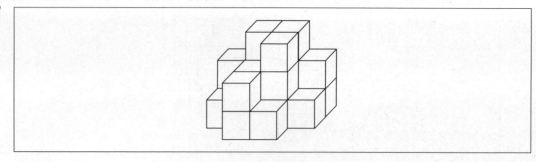

① 23개   ② 22개
③ 21개   ④ 20개

38

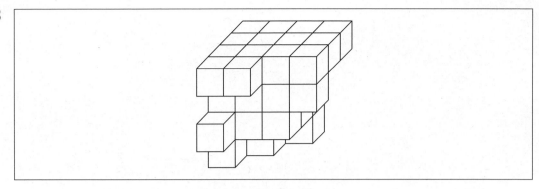

① 40개   ② 39개

③ 38개   ④ 37개

39

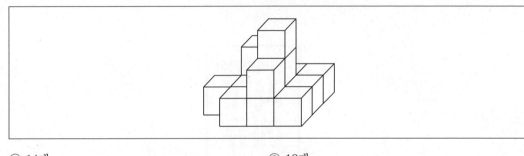

① 14개   ② 13개

③ 12개   ④ 11개

40

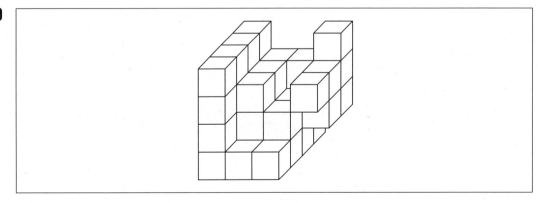

① 41개   ② 40개

③ 39개   ④ 38개

합격의공식
시대
에듀
www.sdedu.co.kr

앞선 정보 제공! 도서 업데이트

언제, 왜 업데이트될까?

도서의 학습 효율을 높이기 위해 자료를 추가로 제공할 때!
공기업 · 대기업 필기시험에 변동사항 발생 시 정보 공유를 위해!
공기업 · 대기업 채용 및 시험 관련 중요 이슈가 생겼을 때!

01 시대에듀 도서
www.sdedu.co.kr/book
홈페이지 접속

02 상단 카테고리
「도서업데이트」
클릭

03 해당
기업명으로
검색

참고자료, 시험 개정사항 등 정보 제공으로 학습효율을 높여 드립니다.

더 이상의
고졸 · 전문대졸 필기시험 시리즈는 없다!

"알차다"

꼭 알아야 할 내용을 담고 있으니까

"친절하다"

핵심 내용을 쉽게 설명하고 있으니까

"핵심을 뚫는다"

시험 유형과 유사한 문제를 다루니까

"명쾌하다"

상세한 풀이로 완벽하게 익힐 수 있으니까

성공은 나를 응원하는 **사람**으로부터 **시작**됩니다.

시대에듀가 당신을 힘차게 응원합니다.

2025
전면개정판

합격에듀·
시대
에듀 ▶

사이다 기출응용
모의고사 시리즈

사일 동안
이것만 풀면
다 합격!

삼성
온라인 GSAT 5급
4회분 | 정답 및 해설

[합격시대]
온라인 모의고사
무료쿠폰
—
도서 동형
온라인 실전연습
서비스
—
UK작업태도검사
무료 제공

SDC SDC는 시대에듀 데이터 센터의 약자로 약 30만 개의 NCS·적성 문제
데이터를 바탕으로 최신 출제경향을 반영하여 문제를 출제합니다.

편저 | SDC(Sidae Data Center)

시대에듀

기출응용 모의고사
정답 및 해설

1일 차 기출응용 모의고사 정답 및 해설

제 1영역 수리능력검사

01	02	03	04	05	06	07	08	09	10
④	④	④	①	①	④	③	②	①	④
11	12	13	14	15	16	17	18	19	20
④	④	③	③	②	①	①	③	③	③
21	22	23	24	25	26	27	28	29	30
③	④	④	④	②	④	④	②	④	③
31	32	33	34	35	36	37	38	39	40
④	③	④	④	②	③	③	③	①	②

01　　　　　　　　　　　정답 ④
$1{,}210 \div 121 + 1{,}212 - 787 = 10 + 425 = 435$

02　　　　　　　　　　　정답 ④
$565 \div 5 + 44 \times 3 = 113 + 132 = 245$

03　　　　　　　　　　　정답 ④
$12{,}052 + 12{,}025 + 10{,}252 = 24{,}077 + 10{,}252 = 34{,}329$

04　　　　　　　　　　　정답 ①
$44 + 55 \div 11 - 22 = 44 + 5 - 22 = 27$

05　　　　　　　　　　　정답 ①
$78 \times 3 + 6 \times 79 = 234 + 474 = 708$

06　　　　　　　　　　　정답 ④
$456 \div 8 - 13 = 57 - 13 = 44$

07　　　　　　　　　　　정답 ③
$544 + 81 \div 3^2 + 17 = 561 + 81 \div 9 = 570$

08　　　　　　　　　　　정답 ②
$455 - 279 \div 9 - 52 = 403 - 31 = 372$

09　　　　　　　　　　　정답 ①
$45 \times 7 - 44 \times 6 = 315 - 264 = 51$

10　　　　　　　　　　　정답 ④
$454 - 555 \div 3 = 454 - 185 = 269$

11　　　　　　　　　　　정답 ④
소금의 양을 구하는 식은 다음과 같다.

$$(\text{소금물의 양}) \times \frac{(\text{소금물의 농도})}{100}$$

따라서 농도가 7%인 소금물 300g에 들어있는 소금의 양은 $300 \times \frac{7}{100} = 21$g이다.

12　　　　　　　　　　　정답 ④
집에서 도서관까지의 거리는 진수가 걸어간 거리와 같다.
따라서 (거리)=(속력)×(시간)이므로 집에서 도서관까지의 거리는 $4 \times 1 = 4$km이다.

13　　　　　　　　　　　정답 ③
• A, B 주사위 2개를 동시에 던질 때 나오는 모든 경우의 수 : $6 \times 6 = 36$가지
• A에서 나오는 주사위의 눈이 짝수인 경우의 수 : 2, 4, 6 → 3가지
• B에서 나오는 주사위의 눈이 5 이상인 경우의 수 : 5, 6 → 2가지
그러므로 A에서 짝수의 눈이 나오고, B에서 5 이상의 눈이 나오는 경우의 수는 $3 \times 2 = 6$가지이다.

따라서 구하고자 하는 확률은 $\frac{6}{36} = \frac{1}{6}$ 이다.

14
정답 ③

팀장의 나이를 x세라고 했을 때, 과장의 나이는 $(x-4)$세, 대리는 31세, 사원은 25세이다. 과장과 팀장의 나이 합이 사원과 대리의 나이 합의 2배이므로 식은 다음과 같다.

$x+(x-4)=2\times(31+25) \rightarrow 2x-4=112$

$\therefore x=58$

따라서 팀장의 나이는 58세이다.

15
정답 ②

나래가 자전거를 탈 때의 속력을 $x$km/h, 진혁이가 걷는 속력을 $y$km/h라고 하면 다음과 같은 식이 성립한다.

$1.5(x-y)=6 \cdots \bigcirc$ $x+y=6 \cdots \bigcirc$

$\bigcirc$과 $\bigcirc$을 연립하면 $x=5$, $y=1$이다.

따라서 나래의 속도는 5km/h이다.

16
정답 ①

같은 부서 사람이 옆자리에 함께 앉아야 하므로 먼저 부서를 한 묶음으로 생각한다.

• 세 부서를 원탁에 배치하는 경우 : $2!=2$가지
• 각 부서 사람끼리 자리를 바꾸는 경우 : $2!\times2!\times3!=2\times2\times3\times2=24$가지

따라서 조건에 맞게 7명이 앉을 수 있는 경우의 수는 $2\times24=48$가지이다.

17
정답 ①

철학자가 생을 마감한 나이를 x살이라 하면 다음과 같은 식이 성립한다.

$\frac{1}{5}x+\frac{3}{10}x+8+4+\frac{1}{6}x+5=x \rightarrow \frac{6+9+5}{30}x+17=x$

$\rightarrow \frac{2}{3}x+17=x$

$\rightarrow 2x+17\times3=3x$

$\therefore x=17\times3=51$

따라서 철학자가 생을 마감한 나이는 51세이다.

18
정답 ③

경서와 민준이가 받은 용돈의 금액을 각각 x, $2x$원이라 하고, 지출한 금액을 각각 $4y$, $7y$원이라고 하면 다음과 같은 식이 성립한다.

$x-4y=2,000 \cdots \bigcirc$

$2x-7y=5,500 \cdots \bigcirc$

$\bigcirc$과 $\bigcirc$을 연립하면 $x=8,000$, $y=1,500$이다.

따라서 민준이가 받은 용돈은 $2\times8,000=16,000$원이다.

19
정답 ③

연속하는 세 홀수를 $x-2$, x, $x+2$라고 하면 다음과 같은 식이 성립한다.

$x+2=(x-2+x)-11$

$\therefore x=15$

따라서 연속하는 세 홀수는 13, 15, 17이고, 가장 작은 수는 13이다.

20
정답 ③

팀 전체의 평균값을 구하면 다음과 같다.

$\frac{20\times2+40\times3}{5}=32$

따라서 팀 전체의 평균값은 32이다.

21
정답 ③

2020년의 보통우표와 기념우표 발행 수 차이는 $1,670-430=1,240$십만 장으로 가장 크다.

오답분석

① 2020 ~ 2024년까지 우표 발행 수의 증감 추이는 보통우표가 '감소 - 감소 - 증가 - 감소'이고, 기념우표가 '증가 - 감소 - 감소 - 증가'로 동일하지 않다.

② 기념우표는 2023년에, 나만의 우표는 2024년에 발행 수가 가장 적다.

④ 2022년 전체 발행 수에서 나만의 우표가 차지하고 있는 비율은 $\frac{30}{1,200}\times100=2.5\%$로 3% 미만이다.

22
정답 ④

2024년도 남성 공무원 비율은 70.3%, 여성 공무원 비율은 29.7%로 차이는 $70.3-29.7=40.6\%$p로, 40%p 이상이다.

오답분석

① 제시된 자료에 따라 2019년 이후 여성 공무원 수는 매년 증가하고 있다.

② 2022년 전체 공무원 수는 2,755백 명으로, 2021년 전체 공무원 수 2,750백 명에서 증가하였다.

③ 2023년 남성 공무원 수는 $2,780-820=1,960$백 명이다.

23
정답 ④

남성의 골다공증 진료율이 가장 높은 연령대는 진료 인원이 가장 많은 70대이고, 여성의 골다공증 진료율이 가장 높은 연령대는 진료 인원이 가장 많은 60대로, 남성과 여성이 다름을 알 수 있다.

오답분석

① 골다공증 발병이 진료로 이어진다면 여성의 진료 인원이 남성보다 많으므로 여성의 발병률이 남성보다 높음을 추론할 수 있다.

② 전체 골다공증 진료 인원 중 40대 이하가 차지하는 비율은
$\dfrac{3+7+34}{880} \times 100 = 5\%$이다.

③ 전체 골다공증 진료 인원 중 진료 인원이 가장 많은 연령대는
60대이며, 그 비율은 $\dfrac{264}{880} \times 100 = 30\%$이다.

24
정답 ④

2023년 전문・관리직 종사자 구성비는 50% 미만이다.

오답분석

①・② 제시된 자료를 통해 알 수 있다.

③ 2023년의 여성 취업자 수는 약 10,000천 명이고, 구성비는
약 21.5%이다. 따라서 1,800천 명 이상이다.

25
정답 ②

제시된 그래프는 구성비에 해당하므로 2024년에 전체 수송량이
증가하였다면 2024년 구성비가 감소하였어도 수송량은 증가했을
수 있으므로 옳지 않다. 구성비로 수송량 자체를 비교해서는 안
된다는 점에 유의해야 한다.

오답분석

① 2023년 대비 2024년에 구성비가 증가한 품목은 유류, 철강,
시멘트 총 3개이다.

③ 2023년 대비 2024년에 구성비가 가장 크게 변화한 품목은
3.1% 증가한 유류이다.

④ 2023년과 2024년 모두 시멘트 품목이 가장 큰 비율을 차지하
고 있다.

26
정답 ④

한국, 중국의 개인주의 지표는 유럽, 일본, 미국의 개인주의 지표
에 비해 항상 아래에 위치하므로 유럽, 일본, 미국이 개인주의 성
향이 더 강함을 알 수 있다.

오답분석

① 세대별 개인주의 가치 성향 차이는 한국이 가장 크다.

② 대체적으로 모든 나라가 나이와 개인주의 성향이 반비례하고
있다.

③ 제시된 자료를 통해 중국의 1960년대생과 1970년대생의 개인
주의 지표가 10 정도 차이가 남을 알 수 있다.

27
정답 ④

제시된 자료에 나타난 프로그램 수입 비용을 모두 합하면 26+0.3
+0.7+189+14+150=380만 불이며, 이 중 영국에서 수입하
는 액수는 150만 불이다.

따라서 영국이 차지하는 수입 비율은 $\dfrac{150}{380} \times 100 = 39.5\%$이다.

28
정답 ②

ㄱ. 영어 관광통역 안내사 자격증 취득자 수는 2023년에 345명으
로 전년 대비 감소하였으며, 스페인어 관광통역 안내사 자격
증 취득자 수는 2023년에 전년 대비 동일하였고, 2024년에
3명으로 전년 대비 감소하였다.

ㄹ. 2022년에 불어 관광통역 안내사 자격증 취득자 수는 전년 대
비 동일한 반면, 독어 관광통역 안내사 자격증 취득자 수는
전년 대비 감소하였으므로 증감 추이는 동일하지 않다.

오답분석

ㄴ. 2024년 중국어 관광통역 안내사 자격증 취득자 수는 일어 관
광통역 안내사 자격증 취득자 수의 $\dfrac{1,350}{150}=9$배이다.

ㄷ. 2021년과 2022년의 태국어 관광통역 안내사 자격증 취득자
수 대비 베트남어 관광통역 안내사 자격증 취득자 수의 비율
은 다음과 같다.

• 2021년 : $\dfrac{4}{8} \times 100 = 50\%$

• 2022년 : $\dfrac{14}{35} \times 100 = 40\%$

따라서 2021년과 2022년의 차이는 50%−40%=10%p이다.

29
정답 ④

2023년과 2024년 총매출액에 대한 비율의 차이가 가장 적은 것은
음악 영역으로, 그 차이는 4.8−4.6=0.2%p이다.

오답분석

① 2024년 총매출액은 2,800억 원, 2023년 총매출액은 2,100억
원으로, 2024년 총매출액은 2023년 총매출액보다 700억 원
많다.

② 게임 영역은 2023년에 56.0%, 2024년에 51.5%로, 매출액 비
중이 50% 이상이다.

③ 전체 매출액이 2023년보다 2024년에 증가했으므로, 매출액
비중이 증가한 분야는 당연히 매출액이 증가했다. 음악, 애니
메이션, 게임은 매출액 비중이 감소했지만, 증가한 매출액으로
계산하면 매출액 자체는 증가함을 알 수 있다. 따라서 기타
영역을 제외한 모든 영역에서 2023년보다 2024년 매출액이
더 많다.

30
정답 ③

농・축・수산물별 각각의 부적합 건수 비율은 다음과 같다.

• 농산물 : $\dfrac{1,725}{146,305} \times 100 = 1.18\%$

• 축산물 : $\dfrac{1,909}{441,574} \times 100 = 0.43\%$

• 수산물 : $\dfrac{284}{21,910} \times 100 = 1.3\%$

따라서 부적합 건수 비율이 가장 높은 것은 수산물이다.

① • 생산단계에서의 수산물 부적합 건수 비율 : $\dfrac{235}{12,922}\times100$
 ≒1.82%

  • 농산물 부적합 건수 비율 : $\dfrac{1,209}{91,211}\times100≒1.33\%$
  따라서 수산물 부적합 건수의 비율이 농산물 부적합 건수의 비율보다 높다.
② 농·축·수산물의 부적합 건수의 평균은 $(1,725+1,909+284)$
 ÷3=1,306건이다.
④ 농산물 유통단계의 부적합 건수는 516건으로, 49건인 수산물 부적합 건수의 10배 이상이다.

31
정답 ④
특수학교뿐 아니라 초등학교와 고등학교도 정규직 영양사보다 비정규직 영양사가 더 적으므로 ④는 옳지 않다.

① 급식인력은 4개의 학교 중 초등학교가 34,184명으로 가장 많다.
② 초등학교, 중학교, 고등학교의 영양사와 조리사는 천 단위의 수인 데 반해 조리보조원은 만 단위이므로, 조리보조원이 차지하는 비율이 가장 높다는 것을 알 수 있다.
③ 중학교 정규직 영양사는 626명이고 고등학교 비정규직 영양사는 603명이므로 626-603=23명 더 많음을 알 수 있다.

32
정답 ③
남아프리카공화국의 금 생산량은 전 세계 생산의 55%를 차지하므로 세계에서 가장 많은 양을 생산한다.

① 각 광물 수출량 및 가격이 주어져 있지 않기 때문에 옳지 않다.
② 다른 국가에 대한 미국의 수입의존도를 알 수 없기 때문에 옳지 않다.
④ 미국의 수입의존도는 미국의 크롬 수입 중 남아프리카공화국으로부터의 수입이 42%라는 것이지 남아프리카공화국이 생산하는 크롬의 반을 수입한다는 의미는 아니므로 옳지 않다.

33
정답 ④
2023년 가을 평균 기온(15.3℃)은 전년도(14.5℃)에 비해 상승했으므로 ④는 옳지 않다.

① 2024년 봄 평균 기온(12.2℃)은 2022년(10.8℃)보다 1.4℃ 상승했다.
② 2024년 가을 평균 기온이 전년도에 비해 1.6℃ 하강했고, 여름 평균 기온은 1.4℃ 상승했으므로 옳다.
③ 연평균 기온은 13.3℃ → 12.9℃ → 12.7℃ → 12.4℃ → 12.3℃으로 계속해서 하강하고 있다.

34
정답 ④
사병봉급은 2024년 20%로 가장 높은 인상률을 보이고 있다.

① 2023년의 인상률은 감소했으므로, 옳지 않다.
② 2024년 일병의 월급은 105,800원이다.
③ 2023년 상병의 월급은 97,500원이다. $\dfrac{97.5-93.7}{93.7}\times100≒$
 4.05%로 2022년에 비해 약 4% 인상했다.

35
정답 ②
금형 업종의 경우, 사무소 형태로 진출한 현지 자회사 법인의 비율이 가장 높다.

① 단독법인 형태의 소성가공 업체의 수는 30×0.381=11.43개로, 10개 이상이다.
③ 표면처리 업체의 해외 현지 자회사 법인 중 유한회사의 형태인 업체는 133×0.024=3.192곳으로, 2곳 이상이다.
④ 전체 업체 중 용접 업체의 해외 현지 자회사 법인의 비율은 $\dfrac{128}{387}\times100≒33\%$로, 30% 이상이다.

36
정답 ③
2021년 산림골재가 차지하는 비중은 54.5%이고, 2019년 육상골재가 차지하는 비중은 8.9%이다. 따라서 54.5÷8.9≒6.1로 8배 이하이므로 옳지 않다.

37
정답 ③
산업이 부담하는 연구비는 일본 82,326억 엔, 미국 147,300억 엔, 독일 35,739억 엔, 프랑스 11,977억 엔, 영국 17,593억 엔이고, 그중 산업이 사용하는 비율은 일본 98.6%, 미국 98.4%, 독일 97.3%, 프랑스 99.1%, 영국 95.5%이며 프랑스가 가장 높은 비율로 사용한다.

① • 독일 정부가 부담하는 연구비 : 6,590+4,526+7,115=18,231억 엔
  • 미국은 33,400+71,300+28,860=133,560억 엔
  따라서 약 $\dfrac{1}{7}$이므로 옳지 않다.
② 정부 부담 연구비 중에서 산업의 사용 비율이 가장 높은 나라는 71,300억 엔인 미국이다.
④ 미국의 대학이 사용하는 연구비는 일본의 대학이 사용하는 연구비의 $\dfrac{28,860+2,300}{10,921+458}=\dfrac{31,160}{11,379}≒2.7$배로 두 배 이상이다.

38
정답 ④

2019 ~ 2024년까지 전년 대비 일평균 판매량이 증가한 연도는 2020년, 2021년, 2023년, 2024년이다. 연도별 증가율은 다음과 같다.

- 2020년 : $\dfrac{120-105}{105} \times 100 = 14.3\%$
- 2021년 : $\dfrac{150-120}{120} \times 100 = 25\%$
- 2023년 : $\dfrac{180-130}{130} \times 100 = 38.5\%$
- 2024년 : $\dfrac{190-180}{180} \times 100 = 5.6\%$

따라서 2023년도가 전년 대비 판매량 증가율이 가장 높은 해이다.

39
정답 ①

ㄱ. 절도에 대하여 '보통이다'라고 응답한 사람의 수는 3,519명으로, '매우 그렇다'라고 응답한 사람 수의 20배인 $189 \times 20 = 3,780$명보다 적다.

ㄴ. 기물파손에 대하여 '매우 그렇다'라고 응답한 사람의 수는 190명으로, 성폭행에 대하여 '매우 그렇다'라고 응답한 사람의 수인 249명보다 적다.

오답분석

ㄷ. 가택침입에 대하여 '전혀 그렇지 않다'라고 응답한 사람의 수는 3,384명으로, 강도에 대하여 '그런 편이다'라고 응답한 사람의 수인 1,826명보다 많다.

ㄹ. 표를 보면 모든 유형에서 '그렇지 않은 편이다'라고 응답한 사람의 수가 가장 많으며, '전혀 그렇지 않다'라고 응답한 사람의 수가 두 번째로 많음을 알 수 있다.

40
정답 ②

'그렇지 않은 편이다'라고 응답한 사람의 수가 가장 많은 유형은 7,516명이 응답한 기물파손이며, 두 번째는 7,467명이 응답한 강도이다.

제2영역 추리능력검사

01	02	03	04	05	06	07	08	09	10
③	②	④	④	②	④	③	①	④	①
11	12	13	14	15	16	17	18	19	20
③	③	①	①	①	④	④	③	①	①
21	22	23	24	25	26	27	28	29	30
②	③	①	①	①	①	③	②	②	③
31	32	33	34	35	36	37	38	39	40
②	③	③	③	①	③	①	②	②	②

01
정답 ③

앞의 항에 2^2, 2^3, 2^4, 2^5, 2^6, 2^7, …을 더하는 수열이다.
따라서 $2^7 = 128$이므로, ( ) $= 138 + 128 = 266$이다.

02
정답 ②

나열된 수를 각각 A, B, C라고 하면 다음과 같은 규칙이 성립한다.
$A\ B\ C \to B - A = C$
따라서 ( ) $= 23 - 27 = -4$이다.

03
정답 ④

홀수 항은 $\times 2 + 1$이고, 짝수 항은 11^2, 22^2, 33^2, …을 하는 수열이다.
따라서 ( ) $= 33^2 = 1,089$이다.

04
정답 ④

앞의 항에 $\times(-2)$, -6이 반복되는 수열이다.
따라서 ( ) $= (-42) \times (-2) = 84$이다.

05
정답 ②

앞의 항에 $\times\dfrac{5}{7}$, $\times\dfrac{7}{9}$, $\times\dfrac{9}{11}$, …을 하는 수열이다.
따라서 ( ) $= \dfrac{10}{45} \times \dfrac{15}{17} = \dfrac{10}{51}$이다.

06
정답 ④

앞의 두 항의 합이 다음 항이 되는 피보나치 수열이다.
따라서 ( ) $= 23 + 37 = 60$이다.

07

앞의 항에 $+0.1^2$, $+0.2^2$, $+0.3^2$, $\cdots$을 하는 수열이다.
따라서 ( )$=0.55+0.6^2=0.55+0.36=0.91$이다.

08
정답 ①

$+3$, $+4$, $+5$, $+6$, $+7$, $\cdots$으로 나열된 수열이다.

ㄴ	ㅁ	ㅈ	ㅎ	ㅂ	(ㅍ)
2	5	9	14	20	27

09
정답 ④

홀수 항은 -4, 짝수 항은 $+2$로 나열된 수열이다.

휴	유	츄	츄	뷰	튜	뉴	(휴)
14	8	10	10	6	12	2	14

10
정답 ①

앞의 항에 1, 2, 3, 4, $\cdots$을 더하는 수열이다.

ㅏ	ㅓ	ㅗ	ㅠ	(ㅑ)
2	3	5	8	12(2)

11
정답 ③

각 문자에 대응하는 수는 피보나치 수열을 이룬다.

a	ㄱ	2	c	ㅁ	8	m	(ㅅ)	34	c
1	1	2	3	5	8	13	21	34	55

12
정답 ③

$+3$, $+3^2$, $+3^3$, $\cdots$인 수열이다.

b	e	n	o	(r)	a
2	5	14	41	122	365

13
정답 ①

제시된 조건에 따르면 ➤=➢➤=➤➤➤이므로 ?에 들어갈 도형은 ①이다.

14
정답 ①

제시된 조건에 따르면 ↔↔=➤➤➤➤=➤➤➤➤➤➤이므로 ?에 들어갈 도형은 ①이다.

15
정답 ①

제시된 조건에 따르면 ◖◗=◻◻=◻◗=◖◗◖◗이므로 ?에 들어갈 도형은 ①이다.

16
정답 ④

제시된 조건에 따르면 ∀=◖◗=◖◗◖◗이므로 ?에 들어갈 도형은 ④이다.

17
정답 ④

제시된 조건에 따르면 O=ㅋㅋ=Q이므로 ?에 들어갈 도형은 ④이다.

18
정답 ③

제시된 조건에 따르면 Q=ㅋㅋ=PP이므로 ?에 들어갈 도형은 ③이다.

19
정답 ①

주어진 명제를 정리하면 다음과 같다.
• a : 혜진이가 영어 회화 학원에 다닌다.
• b : 미진이가 중국어 회화 학원에 다닌다.
• c : 아영이가 일본어 회화 학원에 다닌다.
a → b, b → c로 a → c가 성립하며, a → c의 대우는 ~c → ~a이다.
따라서 '아영이가 일본어 회화 학원에 다니지 않으면 혜진이는 영어 회화 학원에 다니지 않는다.'는 참이다.

20
정답 ①

주어진 명제를 정리하면 다음과 같다.
• a : 바이올린을 연주할 수 있는 사람
• b : 피아노를 연주할 수 있는 사람
• c : 플루트를 연주할 수 있는 사람
• d : 트럼펫을 연주할 수 있는 사람
a → b, c → d, ~b → ~d로 ~b → ~d의 대우는 d → b이므로 c → d → b에 따라 c → b가 성립한다.
따라서 '플루트를 연주할 수 있는 사람은 피아노를 연주할 수 있다.'는 참이다.

21
정답 ②

매출액이 많은 순서대로 나열하면 'D−C−B−A'이다.
따라서 B가게의 매출액은 세 번째로 많으므로 거짓이다.

1일 차 정답 및 해설   **7**

22   정답 ③

[제시문 A]를 통해 2010년과 2012년의 마드리드 퓨전의 주빈국이 다르다는 것은 알 수 있지만 주빈국이 격년 단위로 바뀌는 것인지는 알 수 없다.

23   정답 ①

주어진 명제를 정리하면 스페인어를 잘하면 영어를 잘하고, 영어를 잘하면 중국어를 못하므로 '스페인어를 잘하면 중국어를 못한다.'는 참이다.

24   정답 ①

일본어를 잘하면 스페인어를 잘하고, 스페인어를 잘하면 영어를 잘하며, 영어를 잘하면 중국어를 못한다고 했으므로 '일본어를 잘하면 중국어를 못한다.'는 참이다.

25   정답 ①

주어진 명제를 통해 GDP 순위가 높은 순서대로 나열하면 '영국 – 프랑스(6위) – 브라질 – 러시아(11위) – 한국(12위)'의 순이 된다. 따라서 '다섯 국가 중 순위가 가장 낮은 나라는 한국이다.'는 참이다.

26   정답 ①

브라질의 GDP 순위는 6위인 프랑스보다 낮고, 11위인 러시아보다 높으므로 7 ~ 10위 사이의 순위임을 알 수 있다. 따라서 '브라질의 GDP 순위는 10위 이내이다.'는 참이다.

27   정답 ③

영국의 GDP 순위는 다섯 국가 중 가장 높지만, 주어진 명제만으로는 영국의 GDP 순위를 정확히 알 수 없다.

28   정답 ②

주어진 명제를 정리하면 다음과 같다.

F	AC	
D	BG	E

F	AE	
D	BG	C

이와 같이 어느 경우에도 1층에는 4명이 있으므로 '1층에는 5명이 있다.'는 거짓이다.

29   정답 ②

28번 해설에 따라 A는 혼자 방을 사용하지 않는다는 것을 알 수 있으므로 'A는 혼자 방을 사용한다.'는 거짓이다.

30   정답 ③

28번 해설에 따라 C는 1층을 사용할 수도, 2층을 사용할 수도 있으므로 알 수 없다.

31   정답 ②

키는 원숭이>기린이고, 몸무게는 원숭이>기린>하마이다. 따라서 원숭이가 가장 무거우므로 ②는 반드시 참이다.

오답분석

① 원숭이와 하마의 키 관계는 알 수 없다.
③ 기린과 하마의 키 관계는 알 수 없다.
④ 하마는 기린보다 가볍다.

32   정답 ③

덕진과 휘영이 형제이고, 덕진과 휘영의 자식인 진철과 수환은 사촌지간이다.
따라서 '덕진은 수환의 삼촌이다.'는 반드시 참이다.

33   정답 ③

명제가 참이면 대우 명제도 참이다. 즉, '유민이가 좋아하는 과일은 신혜가 싫어하는 과일이다.'가 참이면 '신혜가 좋아하는 과일은 유민이가 싫어하는 과일이다.'도 참이다.
따라서 신혜는 딸기를 좋아하고, 유민이는 사과와 포도를 좋아하므로 ③은 반드시 참이다.

34   정답 ③

명제가 참이면 대우 명제도 참이다. 즉, '을이 좋아하는 과자는 갑이 싫어하는 과자이다.'가 참이면 '갑이 좋아하는 과자는 을이 싫어하는 과자이다.'도 참이다.
따라서 갑은 비스킷을 좋아하고, 을은 비스킷을 싫어하므로 ③은 반드시 참이다.

35   정답 ①

각각의 조건을 수식으로 비교해 보면, 다음과 같다.
A>B, D>C, F>E>A, E>B>D
∴ F>E>A>B>D>C
따라서 실적이 가장 좋은 외판원은 F임을 추론할 수 있다.

36
정답 ③

가전제품을 A/S 기간이 짧은 순서대로 나열하면 '컴퓨터 − 세탁기 − 냉장고 − 에어컨'이므로 컴퓨터의 A/S 기간이 가장 짧은 것을 추론할 수 있다.

37
정답 ①

C, D의 진술이 연관되어 있고 두 사람만 진실을 말하고 있다고 하였으므로 C, D의 진술은 거짓이고 A, B의 진술이 참이다.

오답분석

②·③·④ 서로 진실을 말하고 있다는 C와 D의 진술은 동시에 참이 되거나 거짓이 되어야 한다.

38
정답 ②

'달리기를 잘함=A, 건강함=B, 홍삼을 먹음=C, 다리가 긺=D'라 하면, 첫 번째 명제부터 차례로 '~A → ~B', 'C → B', 'A → D'이다. 첫 번째 명제의 대우와 두 번째 명제, 세 번째 명제를 조합하면 'C → B → A → D'가 되어 'C → D'가 되며, 대우는 '~D → ~C'이므로 ②가 적절하다.

39
정답 ②

'명랑한 사람 → 마라톤을 좋아함 → 체력이 좋고, 인내심도 있음'이므로 '명랑한 사람은 인내심이 있다.'가 성립된다.
따라서 이 명제의 대우인 '인내심이 없는 사람은 명랑하지 않다.'가 적절하다.

40
정답 ②

재은이가 요일별로 달린 거리를 정리하면 다음과 같다.

월	화	수	목
200−50 =150m	200m	200−30 =170m	170+10 =180m

따라서 재은이가 목요일에 화요일보다 20m 적게 달린 것을 추론할 수 있다.

제3영역 지각능력검사

01	02	03	04	05	06	07	08	09	10
②	③	④	③	④	④	④	②	②	③
11	12	13	14	15	16	17	18	19	20
②	④	②	②	②	①	④	①	④	④
21	22	23	24	25	26	27	28	29	30
②	②	④	①	④	③	②	③	①	③
31	32	33	34	35	36	37	38	39	40
①	③	④	②	①	①	④	④	②	①

01
정답 ②

'파스타'는 이탈리아식 국수로 밀가루를 달걀에 반죽하여 만들며 마카로니, 스파게티 따위가 대표적이다.

02
정답 ③

'수제비'는 밀가루를 반죽하여 맑은장국이나 미역국 따위에 적당한 크기로 떼어 넣어 익힌 음식이다.

03
정답 ④

'식빵'은 밀가루에 효모를 넣고 반죽하여 구워 낸 주식용 빵이다.

04
정답 ③

규칙을 역으로 적용하면 다음과 같다.
• 규칙 4. 우리song금!인가 → 우리songu인가
• 규칙 3. 우리songu인가 → 우리SONGu인가
'치환 전 소문자는 알파벳 중 가장 마지막 자리 하나였다.'라고 했으므로 u가 알파벳 소문자이다.
• 규칙 2. 우리SONGu인가 → 어리SONGu인고
• 규칙 1. 어리SONGu인고 → 버니SONGu빛포
따라서 S씨의 학교 홈페이지 비밀번호는 '버니SONGu빛포'이다.

05
정답 ④

알파벳 대문자는 소문자로 치환하여 입력하고, 치환 전 알파벳 소문자 중 모음 a, e, i o, u만 각각 순서대로 월, 화, 수, 목, 금으로 치환하여 입력하고 !를 붙인다.
따라서 메모를 바르게 고치면 'TAKEpic → takep수!c'이므로 ④는 옳지 않다.

06
정답 ④

비밀번호는 한글만 있으므로 규칙 1과 2만 적용하면 될 것이다. 이에 각 규칙을 순서대로 적용하면 다음과 같다.

규칙 1. 한글 자음은 ㄱ ~ ㅎ은 ㄷ ~ ㄴ로 순서대로 치환하여 입력한다.

• 손으로만드는하트는좋아한다는거야 → 졸츠보살므를나흐를콘 차날마를더챠

규칙 2. 한글 모음 중 ㅏ, ㅓ, ㅗ, ㅜ는 순서대로 ㅗ, ㅜ, ㅏ, ㅓ로 치환하여 입력한다.

• 졸츠보살므를나흐를콘차날마를더챠 → 잘츠바솔므를노흐를칸 초놀모를두챠

따라서 위 문장에 대한 메모는 '잘츠바솔므를노흐를칸초놀모를두챠'이다.

07
정답 ④

⌐은 8번째에 제시된 도형이므로 정답은 ④이다.

08
정답 ②

◐은 2번째에 제시된 도형이므로 정답은 ②이다.

09
정답 ②

∀은 4번째에 제시된 도형이므로 정답은 ②이다.

10
정답 ③

†은 6번째에 제시된 도형이므로 정답은 ③이다.

11
정답 ②

제시된 문자를 오름차순으로 나열하면 '나 – 라 – 마 – 자 – 파 – 하'이므로 3번째로 오는 문자는 '마'이다.

12
정답 ④

제시된 문자를 오름차순으로 나열하면 'F – I – K – O – R – X'이므로 4번째에 오는 문자는 'O'이다.

13
정답 ②

제시된 문자를 오름차순으로 나열하면 'c – e – k – u – y – z'이므로 3번째에 오는 문자는 'k'이다.

14
정답 ②

제시된 문자를 오름차순으로 나열하면 'ㅁ – ㅇ – I – ㅌ – M – T'이므로 2번째 오는 문자는 'ㅇ'이다.

15
정답 ②

제시된 문자를 오름차순으로 나열하면 'ㄱ – B – ㅗ – ㅈ – ㅣ – R'이므로 3번째에 오는 문자는 'ㅗ'이다.

16
정답 ①

제시된 문자를 내림차순으로 나열하면 '유 – 사 – 마 – 기 – 고 – 계'이므로 4번째에 오는 문자는 '기'이다.

17
정답 ④

제시된 문자를 내림차순으로 나열하면 'O – ㅎ – ㅌ – K – ㅊ – H'이므로 5번째에 오는 문자는 'ㅊ'이다.

18
정답 ①

제시된 문자를 내림차순으로 나열하면 'Y – U – N – L – D – C'이므로 3번째 오는 문자는 'N'이다.

19
정답 ④

제시된 문자를 내림차순으로 나열하면 'ㅌ – ㅣ – ㅁ – ㅓ – ㅑ – ㄱ'이므로 3번째 오는 문자는 'ㅁ'이다.

20
정답 ④

제시된 문자를 내림차순으로 나열하면 'ㅋ – ㅣ – ㅈ – ㅠ – ㄹ – ㄱ'이므로 1번째 오는 문자는 'ㅋ'이다.

21
정답 ②

오답분석

①

③

④

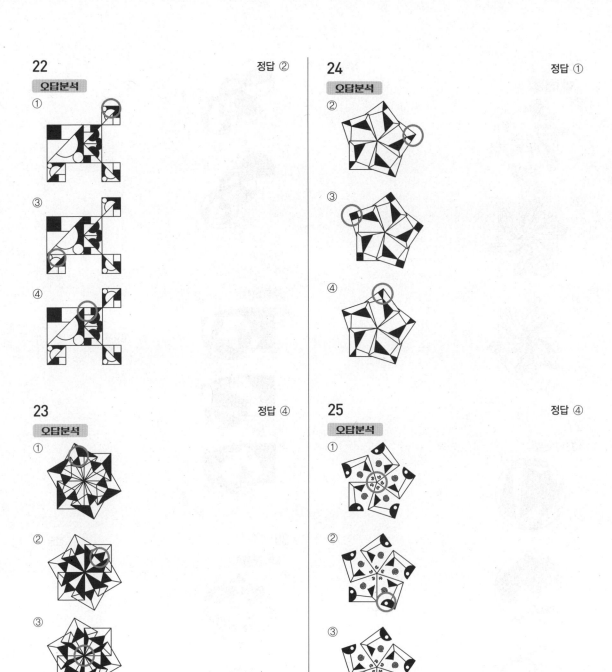

22

정답 ②

오답분석

① ③ ④

23

정답 ④

오답분석

① ② ③

24

정답 ①

오답분석

② ③ ④

25

정답 ④

오답분석

① ② ③

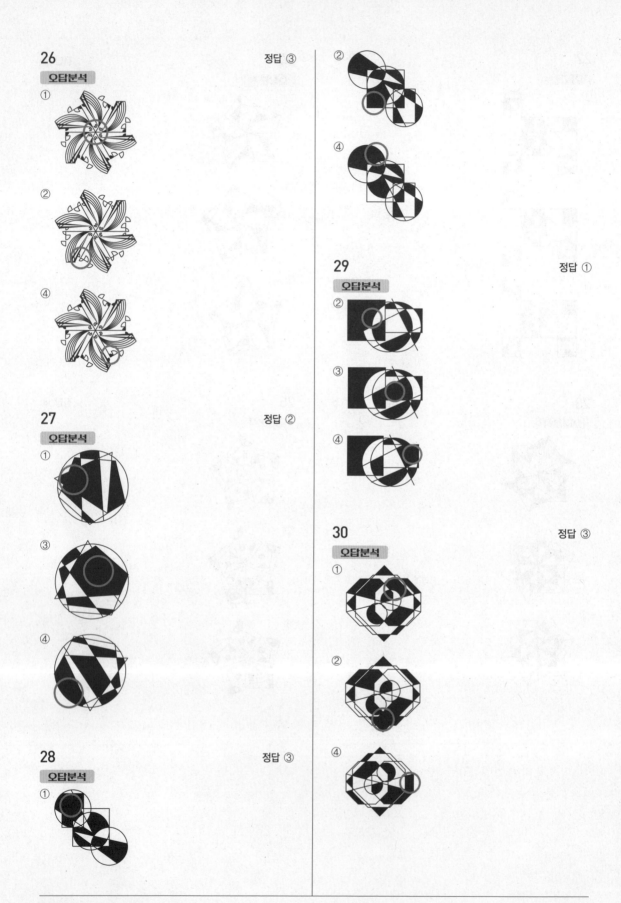

31 정답 ①
- 1층 : $5\times4-4=16$개
- 2층 : $20-10=10$개
- 3층 : $20-17=3$개
- $\therefore 16+10+3=29$개

32 정답 ③
- 1층 : $4\times4-2=14$개
- 2층 : $16-8=8$개
- 3층 : $16-11=5$개
- $\therefore 14+8+5=27$개

33 정답 ④
- 1층 : $4\times4-3=13$개
- 2층 : $16-5=11$개
- 3층 : $16-11=5$개
- $\therefore 13+11+5=29$개

34 정답 ②
- 1층 : $4\times5-3=17$개
- 2층 : $20-7=13$개
- 3층 : $20-13=7$개
- $\therefore 17+13+7=37$개

35 정답 ①
- 1층 : $4\times5-4=16$개
- 2층 : $20-8=12$개
- 3층 : $20-14=6$개
- $\therefore 16+12+6=34$개

36 정답 ①
- 1층 : $4\times5-4=16$개
- 2층 : $20-9=11$개
- 3층 : $20-15=5$개
- $\therefore 16+11+5=32$개

37 정답 ④
- 1층 : $5\times4-3=17$개
- 2층 : $20-4=16$개
- 3층 : $20-11=9$개
- $\therefore 17+16+9=42$개

38 정답 ④
- 1층 : $5\times3-2=13$개
- 2층 : $15-5=10$개
- 3층 : $15-9=6$개
- $\therefore 13+10+6=29$개

39 정답 ②
- 1층 : $3\times4-1=11$개
- 2층 : $12-3=9$개
- 3층 : $12-5=7$개
- 4층 : $12-8=4$개
- $\therefore 11+9+7+4=31$개

40 정답 ①
- 1층 : $3\times4=12$개
- 2층 : $12-3=9$개
- 3층 : $12-4=8$개
- 4층 : $12-7=5$개
- $\therefore 12+9+8+5=34$개

2일 차 기출응용 모의고사 정답 및 해설

제1영역 수리능력검사

01	02	03	04	05	06	07	08	09	10
②	①	③	④	②	②	①	④	②	③
11	12	13	14	15	16	17	18	19	20
①	②	③	③	①	①	②	③	①	①
21	22	23	24	25	26	27	28	29	30
③	③	④	②	②	②	②	②	④	③
31	32	33	34	35	36	37	38	39	40
④	③	②	④	④	④	③	③	②	④

01 정답 ②

$\frac{27}{3} \times 8 + 70 + (10^2 + 70 \times 60) = 9 \times 8 + 70 + (100 + 4,200)$
$= 72 + 70 + 4,300 = 4,442$

02 정답 ①

$43 \times 42 + 41 = 1,806 + 41 = 1,847$

03 정답 ③

$169 + 494 \times 4 - 2,045 = 169 + 1,976 - 2,045$
$= 2,145 - 2,045 = 100$

04 정답 ④

$5,393 + 4,384 - 2,184 = 9,777 - 2,184 = 7,593$

05 정답 ②

$451 - 89 + 949 = 1,311$

06 정답 ②

$56 \times 44 + 14 = 2,464 + 14 = 2,478$

07 정답 ①

$1,231 + 8,487 + 2,143 = 9,718 + 2,143 = 11,861$

08 정답 ④

$(16 \times 5 \div 4) \times 7 = (80 \div 4) \times 7 = 20 \times 7 = 140$

09 정답 ②

$523 - 23 \times 12 = 523 - 276 = 247$

10 정답 ③

$13 \times 13 - 255 \div 5 - 13 = 169 - 51 - 13 = 118 - 13 = 105$

11 정답 ①

• 10명 중 팀장 2명을 뽑는 경우의 수 : $_{10}C_2 = \frac{10 \times 9}{2 \times 1} = 45$가지

• 여자 5명 중 팀장 2명을 뽑는 경우의 수 : $_5C_2 = \frac{5 \times 4}{2 \times 1} = 10$가지

따라서 2명의 팀장을 뽑을 때 모두 여자로만 구성될 확률은 $\frac{10}{45}$
$= \frac{2}{9}$ 이다.

12 정답 ②

올라갈 때의 거리를 $x$km라고 하면, 내려갈 때의 거리는 $(x+3)$km
이므로 식은 다음과 같다.
$\frac{x}{2} + \frac{x+3}{4} = 3$
$\rightarrow 2x + x + 3 = 12$
$\rightarrow 3x = 9$
$\therefore x = 3$
따라서 영희가 등산한 총거리는 $2x + 3 = 6 + 3 = 9$km이다.

13 정답 ③

B만 합격한다는 것은 A와 C는 불합격한다는 뜻이므로 다음과 같은 식이 성립한다.

$$\left(1-\frac{1}{3}\right)\times\frac{1}{4}\times\left(1-\frac{1}{5}\right)=\frac{2}{15}$$

따라서 B만 합격할 확률은 $\frac{2}{15}$이다.

14 정답 ③

토너먼트 경기의 수는 참가 팀의 수가 n개라고 하면 $(n-1)$번이다. 따라서 진행되는 경기의 수는 총 $20-1=19$번이다. 경기장 이용료를 회당 2,000원씩 지불해야 하므로 학교에 지불해야 하는 총금액은 $2,000\times19=38,000$원이다.

15 정답 ①

강아지와 닭의 수를 각각 x마리, $(20-x)$마리라고 하면 식은 다음과 같다.

$4x+2(20-x)=46$
$\rightarrow 2x=6$
$\therefore x=3$

따라서 강아지는 3마리이다.

16 정답 ①

막내의 나이를 x살, 서로 나이가 같은 3명의 멤버 중 1명의 나이를 y살이라 하면 다음과 같은 식이 성립한다.

$y=105\div5=21(\because y=5$명의 평균 나이$)$
$24+3y+x=105$
$\rightarrow x+3\times21=81$
$\therefore x=18$

따라서 막내의 나이는 18살이다.

17 정답 ②

톱니바퀴 수와 톱니바퀴의 회전수는 서로 반비례 관계이며 서로의 곱은 일정하다.

따라서 A는 회전수가 $6\times12=72$회전으로 일정하다고 하면, B는 $\frac{72}{8}=9$회전하고, D는 $\frac{72}{12}=6$회전한다.

18 정답 ③

A씨는 월요일부터 시작하여 2일 간격으로 산책하고, B씨는 그 다음날인 화요일부터 3일마다 산책을 했으므로 이를 표로 정리하면 다음과 같다.

월	화	수	목	금	토	일
A		A		A		A
	B			B		

따라서 처음으로 A와 B가 만나는 날은 같은 주 금요일이다.

19 정답 ①

39, 65, 91의 최대공약수는 13이므로 한 변의 길이가 13cm의 정육면체 타일로 채우면 된다.

20 정답 ①

평균 점수가 8점 이상이 되려면 총점은 24점 이상이 되면 졸업할 수 있다.

따라서 S씨는 $24-(7.5+6.5)=24-14=10$점 이상을 받아야 한다.

21 정답 ③

예식장 사업 형태별 수익률을 구하면 다음과 같다.

구분	개인경영	회사법인	회사 이외의 법인	비법인 단체
수익률 (%)	$\left(\frac{270}{150}-1\right)\times$ 100=80	$\left(\frac{40}{25}-1\right)\times$ 100=60	$\left(\frac{17}{10}-1\right)\times$ 100=70	$\left(\frac{3}{2}-1\right)\times$ 100=50

따라서 수익률이 가장 높은 예식장 사업 형태는 개인경영이므로 옳지 않다.

오답분석

① 사업체 수를 보면 다른 사업 형태보다 개인경영 사업체 수가 많은 것을 확인할 수 있다.
② 사업체 1개당 매출액을 구하면 다음과 같다.

- 개인경영 : $\frac{270}{900}=0.3$십억 원=3억 원

- 회사법인 : $\frac{40}{50}=0.8$십억 원=8억 원

- 회사 이외의 법인 : $\frac{17}{85}=0.2$십억 원=2억 원

- 비법인 단체 : $\frac{3}{15}=0.2$십억 원=2억 원

따라서 사업체 1개당 매출액이 가장 큰 예식장 사업 형태는 회사법인이다.
④ 개인경영 형태의 예식장 수익률은 80%로 비법인 단체 형태의 예식장 수익률인 50%의 2배인 100% 미만이다.

22 정답 ③

2023년 하반기 대출·금융 스팸 이메일 수신량 비율은 전년 동기 수신량 비율의 $\frac{8}{2}=4$배이므로 옳다.

① 제시된 자료를 통해 확인할 수 있다.

② 2022년 상반기와 2024년 하반기의 전체 이메일 수신량이 제시되지 않았으므로 비율을 통해 비교할 수 없다.

④ 2022년 상반기 대비 2024년 상반기 성인 스팸 이메일 비율의 증가율은 $\frac{21-14}{14}\times100=50\%$이다.

23 　　　　　　　　　　　　　　　　정답 ④

2020년과 2022년의 전체 풍수해 규모에서 대설로 인한 풍수해 규모가 차지하는 비중을 구하면 다음과 같다.

• 2020년 : $\frac{477}{7,950}\times100=6\%$

• 2022년 : $\frac{119}{1,700}\times100=7\%$

따라서 전체 풍수해 규모에서 대설로 인한 풍수해 규모가 차지하는 비중은 2022년이 2020년보다 크므로 옳다.

① 2016년의 전년 대비 태풍으로 인한 풍수해와 전체 풍수해 규모의 증감 추이만 비교해도 바로 알 수 있다. 태풍으로 인한 풍수해 규모는 증가한 반면, 전체 풍수해 규모는 감소했으므로 옳지 않다.

② 2016년, 2018년, 2019년에 풍수해 규모는 강풍이 가장 작았으므로 옳지 않다.

③ 2024년 호우로 인한 풍수해 규모의 전년 대비 감소율은 $\frac{1,400-14}{1,400}\times100=99\%$로 97% 이상이다.

24 　　　　　　　　　　　　　　　　정답 ②

월간 용돈을 5만 원 미만으로 받는 비율은 중학생 90%, 고등학생 60%로, 중학생의 비율이 고등학생의 비율보다 높으므로 옳다.

① 용돈을 받는 남학생과 여학생의 비율은 각각 83%, 86%로, 여학생의 비율이 남학생의 비율보다 높다.

③ 고등학생 전체 인원을 100명이라고 한다면, 그중에 용돈을 받는 학생은 80명이다. 80명 중에 월간 용돈을 5만 원 이상 받는 학생의 비율은 40%이므로 80×0.4=32명이다.

④ 전체에서 금전출납부의 기록, 미기록 비율은 각각 30%, 70%로, 기록하지 않는 비율이 기록하는 비율보다 높다.

25 　　　　　　　　　　　　　　　　정답 ②

곡류의 수입 물량은 2021년과 2022년 사이에 증가하였고, 수입 금액은 2022년과 2023년 사이에 감소하였으므로 옳지 않다.

① 2019년 대비 2024년의 농산물 전체 수입 물량은 $\frac{3,430-2,450}{2,450}\times100=40\%$ 증가하였다.

③ 2019년 대비 2024년의 과실류 수입 금액은 $\frac{175-50}{50}\times100=250\%$ 급증하였다.

④ 곡류, 과실류, 채소류의 2019년과 2024년의 수입 물량 차이를 구하면 다음과 같다.
• 곡류 : 1,520-1,350=170만 톤
• 과실류 : 130-65=65만 톤
• 채소류 : 110-40=70만 톤
따라서 2019년 대비 2024년에 수입 물량은 곡류가 가장 많이 증가했다.

26 　　　　　　　　　　　　　　　　정답 ②

연도별 황사의 발생 횟수는 2017년이 아닌 2022년에 최고치를 기록했으므로 ②는 옳지 않다.

27 　　　　　　　　　　　　　　　　정답 ②

2016년 강북의 주택전세가격을 100이라고 한다면, 제시된 그래프는 전년 대비 증감률을 나타내므로 2017년에는 약 5% 증가해 100×1.05=105이고, 2018년에는 전년 대비 약 10% 증가해 105×1.1=115.5라고 할 수 있다.

따라서 2018년 강북의 주택전세가격은 2016년 대비 약 $\frac{115.5-100}{100}\times100=15.5\%$ 증가했으므로 20% 미만이다.

① 전국 주택전세가격의 증감률은 2015년부터 2024년까지 모두 양의 값(+)이므로 매년 증가하고 있다.

③ 2021년 이후 서울의 주택전세가격 증가율이 전국 평균 증가율보다 높다.

④ 강남 지역의 주택전세가격 증가율이 가장 높은 시기는 2018년이다.

28 　　　　　　　　　　　　　　　　정답 ②

전체 판매량 중 수출량은 2020 ~ 2023년까지 매년 증가하였으므로 옳다.

① 전체 판매량은 2020 ~ 2023년까지 매년 증가하였으나, 2024년에는 감소하였다.

③ 2022 ~ 2023년 사이 수출량은 약 50,000대에서 약 130,000대로 그 증가폭이 가장 컸다.

④ 전체 판매량이 가장 많은 해는 2024년이 아닌 2023년이다.

29
정답 ④

- 2023년 대비 2024년 월 평균 소득 증가율 : $\frac{788,000-765,000}{765,000}$ $\times100≒3.0\%$

- 평균 시급 증가율 : $\frac{8,590-8,350}{8,350}\times100≒2.9\%$

따라서 평균 시급 증가율보다 월 평균 소득 증가율이 더 높다.

오답분석

① 2021 ~ 2024년 동안 전년 대비 주간 평균 근로 시간은 2022년까지 증가하다가 2023년부터 감소하며, 월 평균 소득의 경우 지속적으로 증가한다.

② • 전년 대비 2022년 평균 시급 증가액 : 7,530-6,470= 1,060원

• 전년 대비 2023년 증가액 : 8,350-7,530=820원

따라서 전년 대비 2022년 평균 시급 증가액은 전년 대비 2023년 증가액의 $\frac{1,060}{820}≒1.3$배이므로 3배 미만이다.

③ 2022년의 경우 전년 대비 평균 시급은 높아지고, 주간 평균 근로 시간도 늘어났다.

30
정답 ③

총 전입자 수는 서울이 가장 높지만, 총 전입률은 인천이 가장 높으므로 ③은 옳지 않다.

오답분석

① 서울의 총 전입자 수는 전국의 총 전입자 수의 $\frac{132,012}{650,197}\times100$ =20.3%이므로 옳다.

② 대구의 총 전입률이 1.14%로 가장 낮다.

④ 부산의 총 전입자 수는 42,243명으로 광주의 총 전입자 수 17,962명의 약 2.35배이다 $\left(\frac{42,243}{17,962}≒2.35\right)$.

31
정답 ④

영업부서와 마케팅부서에서 S등급과 C등급에 배정되는 인원은 같고, A등급과 B등급의 인원이 영업부서가 마케팅부서보다 2명씩 적다.

따라서 두 부서의 총 상여금의 차이는 (420×2)+(330×2)= 1,500만 원이므로 ④는 옳지 않다.

오답분석

①·③ 마케팅부서와 영업부서의 등급별 배정 인원은 다음과 같다.

구분	S	A	B	C
마케팅부서	2	5	6	2
영업부서	2	3	4	2

② A등급 상여금은 B등급 상여금보다 $\frac{420-330}{330}\times100≒27.3\%$ 많다.

32
정답 ③

브랜드별 중성세제의 변경 후 판매 용량에 대한 가격에서 변경 전 가격을 빼면 다음과 같다.

- A브랜드 : $(8,200\times1.2)-(8,000\times1.3)=9,840-10,400$
$=-560$원

- B브랜드 : $(6,900\times1.6)-(7,000\times1.4)=11,040-9,800$
$=1,240$원

- C브랜드 : $(4,000\times2.0)-(3,960\times2.5)=8,000-9,900$
$=-1,900$원

- D브랜드 : $(4,500\times2.5)-(4,300\times2.4)=11,250-10,320$
$=930$원

따라서 A브랜드는 560원 감소, B브랜드는 1,240원 증가, C브랜드는 1,900원 감소, D브랜드는 930원 증가했다.

33
정답 ②

이산화탄소의 농도가 계속해서 증가하고 있는 것과 달리 오존전량은 2019 ~ 2021년까지 차례로 감소하고 있으며 2022 ~ 2023년에 증가하였다가 2024년에 다시 감소하였다.

오답분석

① 이산화탄소의 농도는 2019 ~ 2024년까지 해마다 증가했다.

③ 2024년 오존전량은 335DU로, 2018년의 331DU보다 4DU 증가했다.

④ 2024년 이산화탄소 농도는 2019년의 388.7ppm에서 7ppm 증가해 395.7ppm이다.

34
정답 ④

㉠ 2024년 2월에 가장 많이 낮아졌다.

㉡ 제시된 수치는 전년 동월, 즉 2023년 6월보다 325건 높아졌다는 뜻이므로, 실제 심사 건수는 알 수 없다.

㉢ 마찬가지로, 2023년 5월에 비해 3.3% 증가했다는 뜻이므로, 실제 등록률은 알 수 없다.

오답분석

㉣ 전년 동월 대비 125건이 증가했으므로, 2024년 1월 심사 건수는 100+125=225건이다.

35
정답 ④

4인 가족의 경우 경차는 54,350원, 중형차는 94,680원, 고속버스는 82,080원, KTX는 120,260원으로 중형차는 두 번째로 비용이 많이 든다.

오답분석

① 4인 가족이 중형차를 이용할 경우, $(74,600+25,100)\times0.8\%$ =94,680원의 비용이 든다.

② 4인 가족의 경우 KTX를 이용할 때, $(114,600+57,200)\times$ 0.7%=120,260원으로 가장 비용이 많이 든다.

③ 4인 가족이 중형차를 이용할 경우 94,680원의 비용이 들며, 고속버스의 경우는 $(68,400+34,200)\times0.8\%$=82,080원의 비용이 든다.

36

첫 번째 조건에 따르면 '있다' 응답 비율이 가장 높은 지역인 인천의 응답 비율은 4.5%이며, 응답률을 4배하여도 4.5% 이하인 지역은 A∼E 중 C와 E뿐이다. 그러므로 경남은 C와 E 중 하나임을 알 수 있다.

두 번째 조건에 따르면 B와 D가 대전, 전남 중 하나씩임을 알 수 있으며 세 번째 조건에 따르면 가능한 경우는 E가 '경남', B가 '대전'인 경우뿐이다. 그러므로 D는 '전남'임을 알 수 있다.

네 번째 조건에 따르면 '없다'의 응답 비율이 9번째로 낮은 지역은 A이다.

이를 표로 정리하면 다음과 같다.

구분	지역
A	대구
B	대전
C	울산
D	전남
E	경남

따라서 A에 해당하는 지역은 '대구'이다.

37
정답 ③

변경된 첫 번째 조건에 따르면 '있다' 응답 비율이 가장 높은 지역인 인천의 '있다' 응답 비율은 3.8%이며, A∼E지역 중 '있다' 응답 비율을 4배하여도 3.8% 이하인 지역은 E뿐이다. 그러므로 경남은 E에 해당한다.

두 번째 조건에 따르면 B와 D가 대전, 전남 중 하나씩임을 알 수 있으며 네 번째 조건에 따르면 응답 비율이 9번째로 작은 지역은 A이다. 그러므로 A가 대구임을 알 수 있다.

정정된 내용에 따라 B와 D가 대전인지 전남인지 모르지만, C는 울산이며 이를 표로 정리하면 다음과 같다.

구분	지역
A	대구
B	대전 or 전남
C	울산
D	전남 or 대전
E	경남

따라서 C에 해당하는 지역은 울산이다.

38
정답 ③

합계 출산율은 2018년에 최저치를 기록했다.

오답분석

① 2018년 출생아 수는 435천 명으로 2016년 출생아 수인 490.5천 명의 약 0.88배로 감소하였다.

② 합계 출산율이 일정하게 증가하는 추세는 나타나지 않는다.

④ 2023년에 비해 2024년에는 합계 출산율이 0.014명 증가했다.

39
정답 ②

ㄱ. 주화 공급량이 주화 종류별로 각각 20십만 개씩 증가한다면, 이 지역의 평균 주화 공급량은 $\frac{1,000+20\times4}{4}=\frac{1,080}{4}=$ 270십만 개이다.

ㄷ. • 평균 주화 공급량 : $\frac{1,000}{4}=250$십만 개

• 주화 공급량 증가량 : $340\times0.1+215\times0.2+265\times0.2+180\times0.1=148$십만 개

• 증가한 평균 주화 공급량 : $\frac{1,000+148}{4}=287$십만 개

$250\times1.15>287$이므로, 증가율은 15% 이하이다.

오답분석

ㄴ. • 10원 주화의 공급기관당 공급량 : $\frac{340}{170}=2$십만 개

• 500원 주화의 공급기관당 공급량 : $\frac{180}{120}=1.5$십만 개

따라서 주화 종류별 공급기관당 공급량은 10원 주화가 500원 주화보다 많다.

40
정답 ④

A, B본부 전체인원 800명 중 찬성하는 비율로 차이를 알아보는 것이므로 인원 차이만 비교해도 된다.

따라서 전체 여성과 남성의 찬성 인원 차이는 300−252=48명이며, 본부별 차이는 336−216=120명으로 성별이 아닌 본부별 차이가 더 크므로 옳지 않다.

오답분석

① 두 본부 남성이 휴게실 확충에 찬성하는 비율은

$\frac{156명+96명}{400명}\times100=63\%$이므로, 60% 이상이다.

② • A본부 여성의 찬성 비율 : $\frac{180명}{200명}\times100=90\%$

• B본부 여성의 찬성 비율 : $\frac{120명}{200명}\times100=60\%$

따라서 A본부 여성의 찬성 비율이 1.5배 높음을 알 수 있다.

③ • B본부 여성의 찬성률 : $\frac{120명}{400명}\times100=30\%$

• 남성의 찬성률 : $\frac{96명}{400명}\times100=24\%$

따라서 B본부 여성의 찬성률이 남성의 찬성률보다 1.25배 높다.

01	02	03	04	05	06	07	08	09	10
④	③	①	①	②	④	④	④	③	③
11	12	13	14	15	16	17	18	19	20
①	③	②	③	③	④	③	③	③	①
21	22	23	24	25	26	27	28	29	30
③	②	①	①	③	②	③	①	①	③
31	32	33	34	35	36	37	38	39	40
②	④	④	①	①	④	④	②	④	①

01　　　　　정답 ④

앞의 항에 $+4$, $+4\times3$, $+4\times3^2$, $+4\times3^3$, $+4\times3^4$, …을 하는 수열이다.
따라서 (　)$=489+4\times3^5=489+972=1,461$이다.

02　　　　　정답 ③

나열된 수를 각각 A, B, C라고 하면 다음과 같은 규칙이 성립한다.
$\underline{A\ B\ C} \rightarrow C=(A-B)\times2$
따라서 (　)$=19-\dfrac{10}{2}=14$이다.

03　　　　　정답 ①

홀수 항은 $\times2+1.1$, $\times2+1.2$, $\times2+1.3$, …, 짝수 항은 $\times2-1.1$을 하는 수열이다.
따라서 (　)$=0.3\times2-1.1=-0.50$이다.

04　　　　　정답 ①

자연수와 대분수를 가분수로 바꾸었을 때, 분모는 $+2$, 분자는 $+7$, $+9$, $+11$, …을 하는 수열이다.
따라서 (　)$=\dfrac{45+15}{9+2}=\dfrac{60}{11}=5\dfrac{5}{11}$이다.

05　　　　　정답 ②

홀수 번째 항일 때 앞의 항의 분모에 $+2$, 짝수 번째 항일 때 앞의 항의 분자에 -6을 하는 수열이다.
따라서 (　)$=\dfrac{976-6}{41}=\dfrac{970}{41}$이다.

06　　　　　정답 ④

앞의 항에 $+2^0\times10$, $+2^1\times10$, $+2^2\times10$, $+2^3\times10$, $+2^4\times10$, $+2^5\times10$, …을 하는 수열이다.
따라서 (　)$=632+2^6\times10=632+640=1,272$이다.

07　　　　　정답 ④

앞의 항에 $+1$, $\times2$가 반복되는 수열이다.
따라서 11번째 항의 값은 $95\times2=190$이다.

08　　　　　정답 ④

알파벳의 순서를 숫자로 바꾸어 나열하면 1, 2, 3, 5, 8, 13, (　), 34이다. 이는 피보나치 수열로 앞의 두 항의 합이 다음 항에 해당한다. 따라서 빈칸은 $8+13=21$번째의 알파벳 'u'가 적절하다.

09　　　　　정답 ③

$+3$, $\div2$가 반복되는 수열이다.

캐	해	새	채	매	애	(래)
11	14	7	10	5	8	4

10　　　　　정답 ③

알파벳을 숫자로 변환하면 3, 6, 9, 15, 24, 13(39), 63, (　)이다. 이는 앞의 두 항의 합이 다음 항이 되는 수열이므로 빈칸에 들어갈 수는 $39+63=102$이며, 짝수 항은 알파벳으로 표기하므로 102에 해당하는 알파벳을 골라야 한다. 알파벳은 A~Z까지 총 26개이므로 $102\div26=3\cdots24$이다. 따라서 빈칸에는 24번째 알파벳인 X가 들어가야 한다.

11　　　　　정답 ①

한글 자음과 알파벳을 숫자로 변환하면 1, 5, 9, 13, 17, 21, 11(25), (　)이다. 이는 앞의 항에서 4씩 더하는 수열이므로 빈칸에 들어갈 수는 29이다. 제시된 규칙에서 한글 자음과 알파벳, 숫자가 규칙적으로 표기되어 있으므로 빈칸에 들어갈 문자는 숫자 29에 해당하는 알파벳이다. 알파벳은 A~Z까지 총 26개이므로 $29\div26=1\cdots3$이다. 따라서 빈칸에는 3번째 알파벳인 C가 들어가야 한다.

12　　　　　정답 ③

한글 자음을 숫자로 변환하면 1, 3, 5, 7, 9, 11, 13, (　)이다. 이는 앞의 항에서 2씩 더하는 수열이므로 빈칸에 들어갈 수는 15이다. 제시된 규칙은 한글 자음과 숫자가 규칙적으로 표기되어 있으므로 빈칸에는 숫자 15가 들어가야 한다.

13
정답 ②

제시된 조건에 따르면 ▶◀◁◀ = ◁▶◁◀◁◀◁ = ▶▶◁▶◁▶◁이므로 ?에 들어갈 도형은 ②이다.

14
정답 ③

제시된 조건에 따르면 ▶◀ = ▶◀▶◀ = ▶◁▶◁▶◁이므로 ?에 들어갈 도형은 ③이다.

15
정답 ③

제시된 조건에 따르면 兀ㅗ = ㅗㅗㄷ = ㄷㄷ이므로 ?에 들어갈 도형은 ③이다.

16
정답 ④

제시된 조건에 따르면 ㄷ = ㄷㄷㅗㅗㅗㅗ = ㄷㄷㄷㄷㄷ이므로 ?에 들어갈 도형은 ④이다.

17
정답 ③

제시된 조건에 따르면 てづ = づづ = つつて이므로 ?에 들어갈 도형은 ③이다.

18
정답 ③

제시된 조건에 따르면 てて = づづづづ = てづつつ이므로 ?에 들어갈 도형은 ③이다.

19
정답 ③

효진이는 화분을 수진이보다는 많이 샀지만 지은이보다는 적게 샀으므로 효진이는 3 ~ 5개를 샀을 것이다. 그러나 주어진 명제만으로는 몇 개의 화분을 사는지 정확히 알 수 없다.

20
정답 ①

안구 내 안압이 상승하면 시신경 손상이 발생하고, 시신경이 손상되면 주변 시야가 좁아지기 때문에 '안구 내 안압이 상승하면 주변 시야가 좁아진다.'는 참이다.

21
정답 ③

'인슐린이 제대로 생기지 않는 사람은 당뇨병에 걸리게 된다.'는 '인슐린은 당뇨병에 걸리지 않게 하는 호르몬이다.'의 역으로 역은 참일 수도 있고 거짓일 수도 있다.
따라서 인슐린이 제대로 생기지 않는 사람이 당뇨병에 걸리게 되는지는 알 수 없다.

22
정답 ②

D보다 등급이 높은 사람은 2명 이상이므로 D는 3등급 또는 4등급을 받을 수 있다. 그러나 D는 B보다 한 등급이 높아야 하므로 3등급만 가능하며, B는 4등급이 된다. 나머지 1, 2등급에서는 C보다 한 등급 높은 A가 1등급이 되며, C는 2등급이 된다.
따라서 'C는 수리 영역에서 3등급을 받았다.'는 거짓이다.

23
정답 ①

주어진 명제를 정리하면 다음과 같다.
• a : 독감에 걸리다.
• b : 열이 난다.
• c : 독감 바이러스가 발견된다.
• d : 기침을 한다.
$a \rightarrow b$, $\sim c \rightarrow \sim b$, $\sim a \rightarrow \sim d$로 대우는 각각 $\sim b \rightarrow \sim a$, $b \rightarrow c$, $d \rightarrow a$이다. $d \rightarrow a \rightarrow b \rightarrow c$에 따라 $d \rightarrow c$가 성립한다.
따라서 '기침을 하면 독감 바이러스가 발견된다.'는 참이다.

24
정답 ①

노란 공의 둘레는 정확히 알 수 없으나, 노란 공은 흰 공과 검은 공의 둘레보다 작다. 또한 파란 공과 빨간 공도 흰 공의 둘레보다 작으며, 검은 공 역시 흰 공의 둘레보다 20mm 작다.
따라서 흰 공의 둘레가 가장 큰 것을 알 수 있다.

25
정답 ③

빨간 공의 둘레는 600mm 이하로 흰 공(680mm), 검은 공(660mm), 파란 공(650mm)보다 작은 것을 알 수 있다. 그러나 노란 공의 둘레를 정확히 알 수 없어 빨간 공과 노란 공의 둘레는 서로 비교할 수 없다.
따라서 빨간 공의 둘레가 가장 작은지는 알 수 없다.

26
정답 ②

노란 공의 둘레가 검은 공(660mm)과 30mm 차이가 난다면, 노란 공의 둘레는 630mm가 된다.
따라서 '노란 공의 둘레가 파란 공(650mm)보다 크다.'는 거짓이다.

27
정답 ③

주어진 명제를 다음의 네 가지 경우로 정리할 수 있다.

경우 1	A, C	B, D	E
경우 2	A, C	B, E	D
경우 3	A, D	B, E	C
경우 4	A, E	B, D	C

B와 D가 우산을 함께 쓴 경우는 경우 1과 경우 4이다. 이때 경우 4에서는 C가 혼자서 우산을 썼지만, 경우 1에서는 E가 혼자서 우산을 썼다.
따라서 누가 혼자 우산을 썼는지는 알 수 없다.

28
정답 ①

A와 D가 함께 우산을 쓴 경우는 경우 3이다. 이때 C는 우산을 혼자 썼으므로 참이다.

29
정답 ①

제시문에 의하면 A, B, C, E의 관계는 다음과 같다.
A는 B의 딸이고, A와 C는 남매이며, C는 E를 매제라 부른다고 하였으므로 A와 E는 부부관계이다.
따라서 'E는 B의 사위이다.'는 참이다.

30
정답 ②

A는 B의 딸이고 D는 B의 외손녀이므로, D는 A의 딸이다.

31
정답 ②

C가 B의 아들이라면, C의 아들은 B의 친손자가 된다.

32
정답 ④

p='도보로 걸음', q='자가용 이용', r='자전거 이용', s='버스 이용'이라고 하면 $p \to \sim q$, $r \to q$, $\sim r \to s$이며, 두 번째 명제의 대우인 $\sim q \to \sim r$이 성립함에 따라 $p \to \sim q \to \sim r \to s$가 성립한다.
따라서 '도보로 걷는 사람은 버스를 탄다.'는 반드시 참이다.

33
정답 ④

측정 결과를 토대로 정리하면 A별의 밝기 등급은 3등급 이하이며, C별의 경우 A, B, E별보다 어둡고 D별보다는 밝으므로 C별의 밝기 등급은 4등급이다. 그러므로 A별의 밝기 등급은 3등급이며, D별은 5등급, 나머지 E별과 B별은 각각 1등급, 2등급이 된다.
따라서 별의 밝기 등급에 따라 순서대로 나열하면 'E−B−A−C−D'의 순서가 되므로 ④는 반드시 참이다.

34
정답 ①

감자꽃은 유채꽃보다 늦게 피므로 '유채꽃이 피기 전이라면 감자꽃도 피지 않았다.'는 반드시 참이다.

35
정답 ①

주어진 명제를 정리하면 다음과 같다.
p : 축구를 잘하는 사람 q : 배구를 잘하는 사람 r : 농구를 못하는 사람 s : 야구를 못하는 사람이라고 했을 때, '$p \to q$', '$r \to s$', '$\sim q \to r$'이고, '$\sim q \to r \to s$'이므로 결국 '$\sim q \to s$'이다.
따라서 '배구를 못하는 사람은 야구도 못한다.'는 반드시 참이다.

36
정답 ④

D가 산악회 회원인 경우와 아닌 경우로 나누어보면 다음과 같다.
• D가 산악회 회원인 경우
  마지막 조건에 따라 D가 산악회 회원이면 B와 C도 산악회 회원이 되며, A는 두 번째 조건의 대우에 따라 산악회 회원이 될 수 없다. 그러므로 B, C, D가 산악회 회원이다.
• D가 산악회 회원이 아닌 경우
  세 번째 조건에 따라 D가 산악회 회원이 아니면 B가 산악회 회원이 아니거나 C가 산악회 회원이어야 한다. 그러나 첫 번째 조건의 대우에 따라 C는 산악회 회원이 될 수 없으므로 B가 산악회 회원이 아님을 알 수 있다. 그러므로 B, C, D 모두 산악회 회원이 아니다. 이때 최소 한 명 이상은 산악회 회원이어야 하므로 A는 산악회 회원이다.
따라서 B와 D의 산악회 회원 여부는 항상 같다.

37
정답 ④

월요일에 먹는 영양제는 비타민 B와 칼슘, 마그네슘 중에 하나일 수 있으나, 마그네슘의 경우 비타민 D보다 늦게 먹고, 비타민 B보다는 먼저 먹어야 하므로 월요일에 먹는 영양제로 마그네슘과 비타민 B 둘 다 불가능하다. 그러므로 S씨가 월요일에 먹는 영양제는 칼슘이 된다. 또한 비타민 B는 화요일 또는 금요일에 먹을 수 있으나, 화요일에 먹게 될 경우 마그네슘을 비타민 B보다 먼저 먹을 수 없게 되므로 비타민 B는 금요일에 먹는다. 나머지 조건에 따라 S씨가 요일별로 먹는 영양제를 정리하면 다음과 같다.

월	화	수	목	금
칼슘	비타민 C	비타민 D	마그네슘	비타민 B

따라서 S씨가 월요일에는 칼슘, 금요일에는 비타민 B를 먹는 것을 추론할 수 있다.

38
정답 ②

과학 기술의 발전은 국가 발전의 원동력이므로 과학 기술의 발전에 필요한 인적 자원과 물적 자원 중 천연 자원이 절대적으로 부족한 현실에서 국가 발전을 도모하기 위해서는 고급 과학 기술 인력을 양성해 나가야 할 것이다.

39
정답 ④

네 번째·다섯 번째 결과를 통해서 '낮잠 자기를 좋아하는 사람은 스케이팅을 좋아하고, 스케이팅을 좋아하는 사람은 독서를 좋아한다.'는 결론을 얻을 수 있다. 이 결론을 한 문장으로 연결하면 ④ '낮잠 자기를 좋아하는 사람은 독서를 좋아한다.'이다.

40
정답 ①

주어진 내용을 정리하면 다음과 같다.
• 지영 : 보라색 공책, 다른 색 공책
• 미주 : 보라색 공책
• 수진 : 빨간색 공책, 다른 색 공책
따라서 책상 위에 있는 공책은 모두 보라색이므로 '지영이의 공책은 책상 위에 있다.'를 추론할 수 있다.

제3영역 지각능력검사

01	02	03	04	05	06	07	08	09	10
④	②	①	②	④	③	①	②	③	③
11	12	13	14	15	16	17	18	19	20
④	①	④	②	③	①	③	③	①	①
21	22	23	24	25	26	27	28	29	30
②	②	③	③	①	①	②	③	②	④
31	32	33	34	35	36	37	38	39	40
③	①	④	③	④	④	②	④	④	③

01
정답 ④

'유튜브(Youtube)'는 구글이 운영하는 동영상 공유 플랫폼이다. 구독자 수가 10만 명이 넘으면 실버 버튼, 100만 명이 넘으면 골드 버튼, 1,000만 명이 넘으면 다이아몬드 버튼을 받을 수 있다.

02
정답 ②

'페이스북(Facebook)'은 2003년 마크 주커버그가 하버드대 동문들과 시작한 서비스로 2024년 기준 세계 최대 SNS 이용자 수(약 30억 명)를 보유하고 있다.

03
정답 ①

'인스타그램(Instagram)'은 이미지 중심의 SNS로 '인스턴트 카메라(Instant Camera)'와 전보를 보낸다는 의미의 '텔레그램(Telegram)'을 합친 합성어이며 2012년에 메타가 인수했다.

04
정답 ②

한글 자음과 한글 모음의 치환 규칙은 다음과 같다.
• 한글 자음

ㄱ	ㄴ	ㄷ	ㄹ	ㅁ	ㅂ	ㅅ
a	b	c	d	e	f	g
ㅇ	ㅈ	ㅊ	ㅋ	ㅌ	ㅍ	ㅎ
h	i	j	k	l	m	n

• 한글 모음

ㅏ	ㅑ	ㅓ	ㅕ	ㅗ	ㅛ	ㅜ
A	B	C	D	E	F	G
ㅠ	ㅡ	ㅣ				
H	I	J				

따라서 목요일의 암호인 '완벽해'를 치환하면 다음과 같다.
완 → hㅘb, 벽 → fDa, 해 → nㅐ
이때, 목요일에는 암호 첫째 자리에 숫자 4를 입력해야 하므로 A씨가 입력할 암호는 '4hㅘbfDanㅐ'이다.

05
정답 ④

오답분석
① 7hEeFnAcA → 일요일의 암호 '오묘하다'
② 3iJfhㅔaAbcA → 수요일의 암호 '집에간다'
③ 2bAaAbEdcA → 화요일의 암호 '나가놀다'

06
정답 ③

6hJdㅐcEaAenJaIeaEdIdhDdgGhJㅆcAaE → 이래도 감히 금고를 열 수 있다고
- 6 : 토요일
- hJdㅐcE : 이래도
- aAenJ : 감히
- aIeaEdId : 금고를
- hDdgG : 열 수
- hJㅆcAaE : 있다고

07
정답 ①

⬆은 1번째에 제시된 도형이므로 정답은 ①이다.

08
정답 ②

◆은 3번째에 제시된 도형이므로 정답은 ②이다.

09
정답 ③

▨은 7번째에 제시된 도형이므로 정답 ③이다.

10
정답 ③

▥은 6번째에 제시된 도형이므로 정답은 ③이다.

11
정답 ④

제시된 문자를 오름차순으로 나열하면 'ㅑ－ㅓ－ㅁ－ㅅ－ㅇ－ㅎ'이므로 4번째 오는 문자는 'ㅅ'이다.

12
정답 ①

제시된 문자를 오름차순으로 나열하면 'E－I－J－Q－V－W'이므로 4번째 오는 문자는 'Q'이다.

13
정답 ④

제시된 문자를 오름차순으로 나열하면 'E－F－M－P－X－Z'이므로 2번째 오는 문자는 'F'이다.

14
정답 ②

제시된 문자를 오름차순으로 나열하면 '말－멋－메－문－물－민'이므로 3번째에 오는 문자는 '메'이다.

15
정답 ③

제시된 문자를 오름차순으로 나열하면 'ㅅ－H－ㅈ－J－K－ㅌ'이므로 3번째에 오는 문자는 'ㅈ'이다.

16
정답 ①

제시된 문자를 내림차순으로 나열하면 'ㅈ－ㅠ－ㅂ－E－D－ㅏ'이므로 6번째 오는 문자는 'ㅏ'이다.

17
정답 ③

제시된 문자를 내림차순으로 나열하면 '이－으－유－요－여－어'이므로 5번째로 오는 문자는 '여'이다.

18
정답 ③

제시된 문자나 수를 내림차순으로 나열하면 '25－T－19－H－E－1'이므로 5번째에 오는 문자나 수는 'E'이다.

19
정답 ①

제시된 문자를 내림차순으로 나열하면 '하－자－아－바－마－다'이므로 3번째에 오는 문자는 '아'이다.

20
정답 ①

제시된 문자를 내림차순으로 나열하면 'P－O－ㅊ－ㅈ－ㅂ－B'이므로 6번째에 오는 문자는 'B'이다.

21
정답 ②

오답분석
①

③

④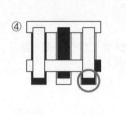

②

④

22

정답 ② 정답 ②

오답분석

①

③

④

25
정답 ①

오답분석

②

③

④

23
정답 ③

오답분석

①

②

④

26
정답 ①

27
정답 ②

24
정답 ③

오답분석

①

28 정답 ③

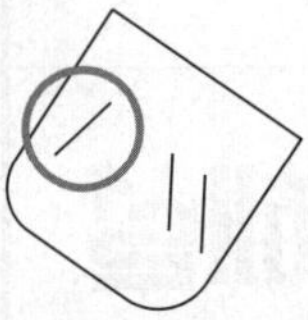

29 정답 ②

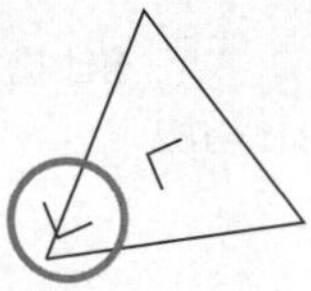

30 정답 ④

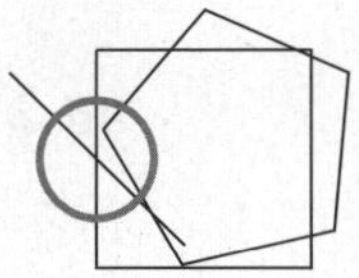

31 정답 ③

• 1층 : 4×4−8=8개
• 2층 : 16−3=13개
• 3층 : 16−2=14개
• 4층 : 16−12=4개
∴ 8+13+14+4=39개

32 정답 ①

• 1층 : 4×4−4=12개
• 2층 : 16−4=12개
• 3층 : 16−6=10개
• 4층 : 16−9=7개
∴ 12+12+10+7=41개

33 정답 ④

• 1층 : 4×4−7=9개
• 2층 : 16−8=8개
• 3층 : 16−9=7개
• 4층 : 16−6=10개
∴ 9+8+7+10=34개

34 정답 ③

• 1층 : 4×4−7=9개
• 2층 : 16−5=11개
• 3층 : 16−7=9개
• 4층 : 16−10=6개
∴ 9+11+9+6=35개

35 정답 ②

• 1층 : 4×4−6=10개
• 2층 : 16−3=13개
• 3층 : 16−6=10개
• 4층 : 16−13=3개
∴ 10+13+10+3=36개

36 정답 ④

• 1층 : 4×4−5=11개
• 2층 : 16−5=11개
• 3층 : 16−7=9개
• 4층 : 16−13=3개
∴ 11+11+9+3=34개

37 정답 ②

• 1층 : 4×4−1=15개
• 2층 : 16−10=6개
• 3층 : 16−10=6개
• 4층 : 16−10=6개
∴ 15+6+6+6=33개

38 정답 ④

• 1층 : 4×4−4=12개
• 2층 : 16−4=12개
• 3층 : 16−5=11개
• 4층 : 16−11=5개
∴ 12+12+11+5=40개

39 정답 ④

• 1층 : 4×4−7=9개
• 2층 : 16−8=8개
• 3층 : 16−6=10개
• 4층 : 16−11=5개
∴ 9+8+10+5=32개

40 정답 ③

• 1층 : 4×4−5=11개
• 2층 : 16−7=9개
• 3층 : 16−9=7개
• 4층 : 16−6=10개
∴ 11+9+7+10=37개

3일 차 기출응용 모의고사 정답 및 해설

제 1 영역 수리능력검사

01	02	03	04	05	06	07	08	09	10
③	③	④	③	②	②	②	②	②	④
11	12	13	14	15	16	17	18	19	20
②	③	②	③	②	③	③	④	③	①
21	22	23	24	25	26	27	28	29	30
④	③	④	③	④	④	②	②	①	②
31	32	33	34	35	36	37	38	39	40
④	③	①	③	①	①	②	③	④	④

01
정답 ③

$455 \div 50 + 0.1 \times 9 + 2.5 \times 4 = 9.1 + 0.9 + 10 = 10 + 10 = 20$

02
정답 ③

$2 + 52 + 64 \div 8 = 54 + 8 = 62$

03
정답 ④

$565 - 231 + 12 \times 2 = 334 + 24 = 358$

04
정답 ③

$0.311 + 0.12 + 0.24 \div 2 = 0.311 + 0.12 + 0.12 = 0.311 + 0.24 = 0.551$

05
정답 ②

$412 - 393 + 332 \times 2 = 412 - 393 + 664 = 1,076 - 393 = 683$

06
정답 ②

$34 \times 31 - 48 \div 8 + 33 = 1,054 - 6 + 33 = 1,087 - 6 = 1,081$

07
정답 ②

$455 - 341 + 34 \times 2 = 455 - 341 + 68 = 523 - 341 = 182$

08
정답 ②

$1 + 11 - 111 + 1,111 = 1,111 + 12 - 111 = 1,123 - 111 = 1,012$

09
정답 ②

$112 + 119 + 114 - 111 = 345 - 111 = 234$

10
정답 ④

$124 - 246 - 468 + 680 = 804 - 714 = 90$

11
정답 ②

$1 \sim 3$의 숫자가 적힌 카드 중 하나 이상을 뽑을 확률
$= 1 - ($3번 모두 $4 \sim 10$의 숫자가 적힌 카드를 뽑을 확률$)$
$= 1 - \left(\dfrac{7}{10} \times \dfrac{6}{9} \times \dfrac{5}{8} \right) = \dfrac{17}{24}$

따라서 구하고자 하는 확률은 $\dfrac{17}{24}$이다.

12
정답 ③

A와 B가 이미 특정되어 있기 때문에 4명의 위치만 정하면 된다.
따라서 남은 4명의 선수가 각각 들어가는 경우의 수는 $_4C_2 \times _2C_2$
$\times \dfrac{1}{2!} \times 2 = 6$가지이다.

13
정답 ②

시속 60km로 갈 때가 시속 50km로 갈 때보다 속력이 빠르므로
1시간이 덜 걸린다.
집에서 회사까지의 거리를 $x$km라고 하면 다음과 같은 식이 성립
한다.
$\dfrac{x}{50} - \dfrac{x}{60} = \dfrac{10}{60}$

$$\rightarrow \frac{x}{50} - \frac{x}{60} = \frac{1}{6}$$

$$\therefore x = 50$$

따라서 집에서 회사까지의 거리는 50km이다.

14
정답 ③

시속 6km로 뛰어간 거리를 x km라 하면, 시속 3km로 걸어간 거리는 $(10-x)$가 된다. 시간에 대한 식은 다음과 같다.

$$\frac{x}{6} + \frac{10-x}{3} = 2$$

$$\rightarrow x + 2 \times (10-x) = 6 \times 2$$

$$\rightarrow -x = 12 - 20$$

$$\therefore x = 8$$

따라서 시속 6km로 뛰어간 거리는 8km이다.

15
정답 ②

용질이 녹아있는 용액의 농도를 구하는 식은 다음과 같다.

$$농도 = \frac{용질의\ 양}{용액의\ 양} \times 100$$

농도가 25%이고, 코코아 분말이 녹아있는 코코아용액은 700mL이므로, 코코아 분말의 양 $= 700 \times 0.25 = 175$ mL

따라서 S씨가 마시는 코코아에 들어간 코코아 분말은 175g이다.

16
정답 ③

테니스 인원을 x 명이라고 하면 사용료에 대한 다음과 같은 식이 성립한다.

$$500x - 3,000 = 5,200x + 300$$

$$\rightarrow 300x = 3,300$$

$$\therefore x = 11$$

따라서 동아리 인원은 11명이며, 사용료는 $5200 \times 11 + 300 = 57,500$원이다.

17
정답 ③

아버지의 나이가 아들의 나이의 3배가 되는 때를 x 년 후라고 하자.

$$45 + x = 3(13 + x)$$

$$\rightarrow -2x = -6$$

$$\therefore x = 3$$

18
정답 ④

소인수분해를 했을 때, 지수가 짝수가 되어야 한다. 120을 소인수분해하면 $2^3 \times 3 \times 5$이고, 제곱수가 되려면 $2 \times 3 \times 5 = 30$을 더 곱해야 한다.

19
정답 ③

24와 60의 최소공배수는 $2^3 \times 3 \times 5 = 120$.

따라서 두 톱니바퀴가 같은 톱니에서 처음으로 다시 맞물리려면 톱니바퀴 A는 $120 \div 24 = 5$바퀴를 회전해야 한다.

20
정답 ①

폐렴 보균자일 확률을 $P(A)$, 항생제 내성이 있을 확률을 $P(B)$라고 가정하면 다음과 같은 식이 성립한다.

$$P(A \mid B) = \frac{P(A) \times P(B)}{P(B)} = \frac{0.2 \times 0.75}{0.75} = 0.2$$

따라서 항생제 내성이 있는 사람들 중 폐렴 보균자인 사람일 확률은 20%이다.

21
정답 ④

A ~ C 3대의 기계를 모두 하루 동안 가동시켰을 때 전체 불량률은 $\frac{(전체\ 불량품\ 수)}{(전체\ 생산량)} \times 100$이다.

기계에 따른 하루 생산량과 불량품 수를 구하면 다음과 같다.

(단위 : 개)

구분	하루 생산량	불량품 수
A기계	500	$500 \times 0.05 = 25$
B기계	$500 \times 1.1 = 550$	$550 \times 0.02 = 11$
C기계	$550 + 50 = 600$	$600 \times 0.05 = 30$
합계	1,650	66

따라서 전체 불량률은 $\frac{66}{1,650} \times 100 = 4$%이다.

22
정답 ③

A국가의 하층 비율 증가 폭은 $59 - 26 = 33$%p이고, B국가의 증가 폭은 $66 - 55 = 11$%p이다.

오답분석

① A국가의 상층 비율은 11%p 증가하였다.
② 중층 비율은 A국가에서 44%p, B국가에서 17%p 감소하였다.
④ B국가는 2014년과 2024년 모두 하층 비율이 가장 높다.

23
정답 ④

일본, 미국만 해당하므로 절반이 넘지 않는다.

오답분석

① 2022년에만 프랑스의 자국 영화 점유율이 한국보다 높았다.
② 제시된 자료를 통해 쉽게 확인할 수 있다.
③ 2021년 대비 2024년 자국 영화 점유율이 하락한 국가는 한국, 영국, 프랑스이고, 이 중 한국이 4%p로, 가장 많이 하락했다.

24
정답 ③

2040년의 고령화율이 2010년 대비 3배 이상이 되는 나라는 ㄱ. 한국(3배), ㄹ. 브라질(3배), ㅁ. 인도(4배)이다.

ㄱ. 한국 : $\frac{33}{11}$=3배

ㄴ. 미국 : $\frac{26}{13}$=2배

ㄷ. 일본 : $\frac{36}{18}$=2배

ㄹ. 브라질 : $\frac{21}{7}$=3배

ㅁ. 인도 : $\frac{16}{4}$=4배

25
정답 ④

'매우 불만족'으로 평가한 고객 수는 전체 150명 중 15명이므로 10%의 비율을 차지한다.

따라서 응답한 전체 고객 중 $\frac{1}{10}$ 이 '매우 불만족'으로 평가했다는 것을 알 수 있다.

오답분석
① 응답자의 합계를 확인하면 150명이므로 옳은 설명이다.
② '매우 만족'이라고 평가한 응답자의 비율이 20%이므로, 150×0.2=30명(A)이다.
③ '보통'이라고 평가한 응답자의 수를 역산하여 구하면 48명(B)이고, 비율은 32%(C)이다. 따라서 약 $\frac{1}{3}$ 이라고 볼 수 있다.

26
정답 ④

10대의 인터넷 공유활동을 참여율이 큰 순서대로 나열하면 '커뮤니티 이용 → 퍼나르기 → 블로그 운영 → UCC 게시 → 댓글 달기'이다. 반면 30대는 '커뮤니티 이용 → 퍼나르기 → 블로그 운영 → 댓글 달기 → UCC 게시'이다.
따라서 활동 순위가 서로 동일하지 않으므로 D사원은 바르게 이해하지 못하고 있다.

오답분석
① 20대가 다른 연령에 비해 참여율이 비교적 높은 편임을 제시된 자료에서 쉽게 확인할 수 있다.
② 남성이 여성보다 참여율이 대부분의 활동에서 높지만, 블로그 운영에서는 여성의 참여율이 더 높다.
③ 남녀 간의 참여율 격차가 가장 큰 활동은 14%p로 댓글 달기이며, 격차가 가장 작은 활동은 3%p로 커뮤니티 이용이다.

27
정답 ②

매년 A ~ C 각 학과의 입학자와 졸업자의 차이는 13명으로 일정하다.
따라서 빈칸에 들어갈 값은 58-13=45이다.

28
정답 ②

미술과 수학을 신청한 학생의 비율 차이는 16-14=2%p이고, 신청한 전체 학생은 200명이므로 수학을 선택한 학생 수는 미술을 선택한 학생 수보다 200×0.02=4명 더 적다.

29
정답 ①

2020 ~ 2024년 동안 투자액이 전년 대비 증가한 해의 증가율은 다음과 같다.

• 2020년 : $\frac{125-110}{110}$×100≒13.6%

• 2022년 : $\frac{250-70}{70}$×100≒257%

• 2023년 : $\frac{390-250}{250}$×100≒56%

따라서 2022년도에 투자액의 전년 대비 증가율이 가장 높다.

오답분석
② 투자 건수 전년 대비 증가율은 2024년에 $\frac{63-60}{60}$×100=5%로 가장 낮다.
③ 2019년과 2022년 투자 건수의 합(8+25=33건)은 2024년 투자 건수(63건)보다 작다.
④ 제시된 자료에서 확인할 수 있다.

30
정답 ②

유연탄의 CO_2 배출량은 원자력 배출량의 968÷9≒107.5배이므로 옳지 않다.

오답분석
① LPG의 판매단가는 132.45원으로, 원자력 판매단가 38.42원에 비해 132.45÷38.42≒3.44배 높다.
③ CO_2 배출량이 낮은 순서대로 나열하면 원자력 – LPG – 중유 – 유연탄이므로 옳다.
④ 원자력의 판매단가 대비 CO_2 배출량은 $\frac{9}{38.42}$≒0.23이다. 이보다 더 낮으려면 분자는 더 작고 분모는 더 커야 한다. 그러나 분모가 약 3.44배 큰 LPG의 경우에도 분자가 작은 정도가 그에 미치지 못하므로, 원자력이 가장 낮다.

31
정답 ④

ㄷ. 2020년 대비 2024년 청소년 비만율의 증가율은 $\frac{26.1-18}{18}$×100=45%이다.

ㄹ. 2024년과 2022년의 비만율 차이를 구하면 다음과 같다.
– 유아 : 10.2-5.8=4.4%p
– 어린이 : 19.7-14.5=5.2%p
– 청소년 : 26.1-21.5=4.6%p
따라서 2024년과 2022년의 비만율 차이가 가장 큰 아동은 어린이임을 알 수 있다.

ㄱ. 유아의 비만율은 전년 대비 감소하고 있고, 어린이와 청소년의 비만율은 전년 대비 증가하고 있다.
ㄴ. 2021년 이후의 어린이 비만율은 유아보다 크고 청소년보다 작지만, 2020년 어린이 비만율은 9.8%로, 유아 비만율인 11%와 청소년 비만율인 18%보다 작다.

32   정답 ③

자금이체 서비스 이용 실적은 2023년 3/4분기에도 감소하였으므로 옳지 않다.

① 조회 서비스 이용 실적은 817 → 849 → 886 → 1,081 → 1,106로 매 분기마다 계속 증가하였다.
② 2023년 2/4분기 조회 서비스 이용 실적은 849천 건이고, 전 분기의 이용 실적은 817천 건이므로 849−817=32, 즉 3만 2천 건 증가하였다.
④ 모바일 뱅킹 서비스 이용 실적의 전 분기 대비 증가율이 가장 높은 분기는 21.8%인 2023년 4/4분기이다.

33   정답 ①

ㄱ. • 해외연수 경험이 있는 지원자 합격률 : $\frac{53}{53+414+16}\times100$

    ≒11%

  • 해외연수 경험이 없는 지원자 합격률 : $\frac{11+4}{11+37+4+139}$

    $\times100≒7.9\%$

따라서 해외연수 경험이 없는 지원자보다 경험이 있는 지원자의 합격률이 높다.

ㄴ. • 인턴 경험이 있는 지원자의 합격률 : $\frac{53+11}{53+414+11+37}\times100$

    $=\frac{64}{515}\times100≒12.4\%$

  • 인턴 경험이 없는 지원자의 합격률 : $\frac{4}{16+4+139}\times100$

    $=\frac{4}{159}\times100≒2.5\%$

따라서 인턴 경험이 없는 지원자보다 경험이 있는 지원자의 합격률이 높다.

ㄷ. 인턴 경험과 해외연수 경험이 모두 있는 지원자 합격률(11.3%)은 인턴 경험만 있는 지원자 합격률(22.9%)보다 낮다.
ㄹ. 인턴 경험과 해외연수 경험이 모두 없는 지원자와 인턴 경험만 있는 지원자 간 합격률 차이는 22.9−2.8=20.1%p이므로 30%p보다 작다.

34   정답 ③

합격자 수를 구하는 식은 진학 희망자 수×학과별 비율(상단)×합격한 비율(하단)이다.
• 준아 : 국문학과 합격자 수를 학교별로 구하면 다음과 같다.
  − A고등학교 : 700×0.6×0.2=84명,
  − B고등학교 : 500×0.5×0.1=25명,
  − C고등학교 : 300×0.2×0.35=21명,
  − D고등학교 : 400×0.05×0.3=6명이다.
따라서 합격자 수가 많은 고등학교 순으로 나열하면 A → B → C → D의 순서가 된다.

• 영이 : B고등학교의 경제학과 합격자 수는 500×0.2×0.3=30명, D고등학교의 경제학과 합격자 수는 400×0.25×0.25=25명이므로 B고등학교가 더 많다.
• 재인 : A고등학교의 법학과 합격자는 700×0.2×0.3=42명으로 40명보다 많고, C고등학교의 국문학 합격자는 300×0.2×0.35=21명으로 20명보다 많다.

35   정답 ①

• 2021년도의 전년 대비 가격 증가율 : $\frac{230-200}{200}\times100=15\%$

• 2024년도의 전년 대비 가격 증가율 : $\frac{270-250}{250}\times100=8\%$

따라서 2021년도의 전년 대비 가격 증가율이 가장 크므로 ①은 옳지 않다.

② 재료비의 상승폭은 2023년도에 11(99 → 110)로 가장 큰데, 2023년에는 가격의 상승폭도 35(215 → 250)로 가장 크다.
③ 인건비는 55 → 64 → 72 → 85 → 90으로 꾸준히 증가했다.
④ 재료비와 인건비 모두 '증가 − 증가'이므로 증감 추이는 같다.

36   정답 ①

교통 할인을 제공하는 A카드는 동종 혜택을 제공하는 카드의 개수가 가장 많으므로 시장에서의 경쟁이 가장 치열할 것이라 예상할 수 있다.

② B카드를 출시하는 경우에 비해 연간 예상필요자본 규모가 더 작은 D카드를 출시하는 경우에 자본 동원이 더 수월할 것이다.
③ 제휴 레스토랑 할인을 제공하는 C카드의 신규가입 시 혜택 제공가능 기간은 18개월로, 24개월인 B카드와 D카드보다 짧다. 따라서 월평균 유지 비용이 가장 큰 제휴카드는 B카드가 아니라 A카드다.
④ A카드와 B카드를 비교해 보면, 신규가입 시 혜택 제공가능 기간은 B카드가 2배로 더 길지만, 동종 혜택을 제공하는 타사 카드 개수는 A카드가 가장 많다. 따라서 신규 가입 시 혜택 제공가능 기간이 길수록 동종 혜택 분야에서의 현재 카드사 간 경쟁이 치열하다고 볼 수 없다.

37　　　정답 ②

유통업의 경우 9점을 받은 현지의 엄격한 규제 요인이 가장 강력한 진입 장벽으로 작용하므로 유통업체인 S사가 몽골 시장으로 진출할 경우, 해당 요인이 시장의 진입을 방해하는 요소로 작용할 가능성이 가장 큰 것을 알 수 있다.

오답분석

① 초기 진입 비용 요인의 경우 유통업(5점)보다 식·음료업(7점)의 점수가 더 높고, 유통업은 현지의 엄격한 규제 요인(9점)이 가장 강력한 진입 장벽으로 작용한다.
③ 몽골 기업의 시장 점유율 요인의 경우 제조업(5점)보다 유통업(7점)의 점수가 더 높으며, 제조업은 현지의 엄격한 규제 요인(8점)이 가장 강력한 진입 장벽으로 작용한다.
④ 문화적 이질감이 가장 강력한 진입 장벽으로 작용하는 업종은 해당 요인에 가장 높은 점수를 부여한 서비스업(8점)이다.

38　　　정답 ③

남자 참여자 비율을 A라고 하고, 여자 참여자 비율을 B라고 하자. 각 성별 흡연율에 참여자 비율을 곱한 값의 합은 전체 흡연율과 같으므로 식은 다음과 같다.
$0.68A + 0.54B = 0.6(A+B)$
$\rightarrow 0.08A = 0.06B$
$\rightarrow 8A = 6B$
$\therefore A = \dfrac{3}{4}B$

남자 참여자 비율 A는 여자 참여자 비율 B의 0.75이다.
따라서 설문조사에 참여한 남자 인원은 여자 인원의 0.75배이다.

39　　　정답 ④

38번에서 구한 남녀 참여자 비율에 각각 흡연율을 곱하면 남녀 흡연자 수 비율을 구할 수 있으므로 남자의 경우 $\left(\dfrac{3}{4}B \times 0.68\right)$이고, 여자의 경우는 $(B \times 0.54)$이다.
따라서 설문조사에 참여자 중 남자 흡연자 수는 여자 흡연자 수의 $\left(\dfrac{3}{4}B \times 0.68\right) \div (0.54 \times B) = \dfrac{0.75 \times 0.68}{0.54} = \dfrac{51}{54}$배이다.

40　　　정답 ④

8월 이동률이 16% 이상인 연도는 2014년과 2016년 총 두 번이다.

오답분석

① 2022 ~ 2024년 동안 8월 이동자 평균 인원은 $\dfrac{628+592+566}{3}$
$= \dfrac{1,786}{3} ≒ 595$명이다.
② 8월 이동자가 700천 명 이상인 연도는 704천 명인 2016년이다.
③ 2024년 8월 이동률은 13%이다.

제**2**영역　**추리능력검사**

01	02	03	04	05	06	07	08	09	10
②	④	③	②	④	④	①	②	②	④
11	12	13	14	15	16	17	18	19	20
①	②	①	②	③	①	④	②	①	②
21	22	23	24	25	26	27	28	29	30
①	②	②	③	①	②	②	①	①	②
31	32	33	34	35	36	37	38	39	40
③	④	③	③	②	④	①	②	④	③

01　　　정답 ②

앞의 항에 $+19$, $+21$, $+23$, …을 하는 수열이다.
따라서 ( )$=107+27=134$이다.

02　　　정답 ④

앞의 항에 1, 3, 9, 27, 81, 243, …을 더하는 수열이다.
따라서 ( )$=106+243=349$이다.

03　　　정답 ③

$+3$, $\div(-2)$가 반복되는 수열이다.
따라서 ( )$=-40+3=-37$이다.

04　　　정답 ②

앞의 항에 1, 8, 15, 22, 29, 36, …을 더하는 수열이다.
따라서 ( )$=84+36=120$이다.

05　　　정답 ④

{(앞의 항)$+7$}$\times 2=$(뒤의 항)인 수열이다.
따라서 ( )$=(178+7)\times 2=370$이다.

06　　　정답 ④

홀수 항은 -14, 짝수 항은 $+10$을 하는 수열이다.
따라서 ( )$=80-14=66$이다.

07　　　정답 ①

n을 자연수라고 하면 n항에서 $(n+1)$항을 뺀 값이 $(n+2)$항인 수열이다.
따라서 ( )$=(-20)-9=-29$이다.

08   정답 ②

알파벳을 숫자로 변환하면 7, 8, 10, 13, 17, 22, 2(28), (　)이다. 이는 앞의 항에 +1, +2, +3 … 씩 더하는 수열이므로 빈칸에 들어갈 수는 28+7=35이다. 제시된 규칙은 알파벳 – 숫자 – 숫자가 규칙적으로 표기되어 있으므로 빈칸에는 숫자 35가 들어가야 한다.

09   정답 ②

알파벳을 숫자로 변환하면 1, 4, 3, 6, 5, 8, 7, (　)이다. 이는 +3, −1이 반복되는 수열이므로 빈칸에 들어갈 수는 7+3=10이다. 제시된 규칙은 알파벳으로만 표기되어 있으므로 빈칸에 들어갈 문자는 J이다.

10   정답 ④

한글 자음을 숫자로 변환하면 1, 2, 4, 5, 7, 8, 10, (　)이다. 이는 +1, +2가 반복되는 수열이므로 빈칸에 들어갈 수는 10+1=11이다. 제시된 규칙은 한글 자음으로만 표기되어 있으므로 빈칸에 들어갈 문자는 ㅋ이다.

11   정답 ①

한글 자음과 알파벳을 숫자로 변환하면 1, 3, 6, 4, 11, 5, 2(16), (　)이다. 이는 홀수 항은 앞의 홀수 항에 +5, 짝수 항은 앞의 짝수 항에 +1을 반복하는 수열이므로 빈칸에 들어갈 수는 5+1=6이다. 홀수 항은 한글 자음이고, 짝수 항은 알파벳이므로 빈칸에 들어갈 문자는 F이다.

12   정답 ②

알파벳을 숫자로 변환하면 4, 5, 7, 10, 11, 13, 16, (　)이다. 이는 앞의 항에 +1, +2, +3을 더하는 것을 반복하는 수열이므로 빈칸에 들어갈 수는 16+1=17이다. 제시된 규칙은 알파벳으로만 표기되어 있으므로 빈칸에 들어갈 문자는 Q이다.

13   정답 ①

제시된 조건에 따르면 ㉰㉱=㉲㉲㉲=ⓅⓀⓅⓀ㉲이므로 ?에 들어갈 도형은 ①이다.

14   정답 ②

제시된 조건에 따르면 ㉰㉱=㉲㉲=ⓅⓀⓅⓀ이므로 ?에 들어갈 도형은 ②이다.

15   정답 ③

제시된 조건에 따르면 〔〔=〔〔〔〔=〔〔〕〕이므로 ?에 들어갈 도형은 ③이다.

16   정답 ③

제시된 조건에 따르면 〕〔=〕〕〕〔=〕〕〕〕이므로 ?에 들어갈 도형은 ③이다.

17   정답 ④

제시된 조건에 따르면 (m)(m)=ㄴㄴhㄴㄴh=ㄴㄴㄴㄴㄴ이므로 ?에 들어갈 도형은 ④이다.

18   정답 ②

제시된 조건에 따르면 (c)=ㄴㄴ=hhhh이므로 ?에 들어갈 도형은 ②이다.

19   정답 ①

주어진 명제를 정리하면 다음과 같다.
- a : 초콜릿을 좋아하는 사람
- b : 사탕을 좋아하는 사람
- c : 젤리를 좋아하는 사람
- d : 캐러멜을 좋아하는 사람

a → b, c → d, ~b → ~d로 ~b → ~d의 대우는 d → b이므로 c → d → b에 따라 c → b가 성립한다.
따라서 '젤리를 좋아하는 사람은 사탕을 좋아한다.'는 참이다.

20   정답 ②

이대리의 퇴근 시간을 x분이라고 할 때, 주어진 조건에 따라 퇴근 시간을 정리하면 다음과 같다.
- 김사원 : $x-30$분
- 박주임 : $x-30+20$분
- 최부장 : $x-10$분
- 임차장 : $x-30$분 이전

따라서 임차장은 이대리보다 30분 이상 먼저 퇴근하였으므로 거짓이다.

21   정답 ①

주어진 명제를 정리하면 다음과 같다.
- A : 야구를 좋아함
- B : 여행을 좋아함
- C : 그림을 좋아함
- D : 독서를 좋아함

[제시문 A]를 간단히 나타내면 A → B, C → D, ~B → ~D이다.
따라서 A → B와 C → D → B가 성립하므로 C → B도 참이다.

22   정답 ②

바실리카의 측랑 지붕 위에 창문이 설치된다고 했고, 회중석은 측랑보다 높은 곳에 위치한다고 했으므로 측랑과 창문이 회중석보다 높은 곳에 설치된다는 것은 거짓이다.

23 정답 ②

황도 12궁은 태양의 겉보기 운동경로인 황도가 통과하는 12개 별자리이며, 황도 전체를 30°씩 12등분 하였다고 했으므로 360°의 공간에 위치한다고 설명하는 것이 옳다.

따라서 '황도 12궁의 열두 개 별자리들은 300°의 공간에 나열되어 있다.'는 거짓이다.

24 정답 ③

주어진 조건에 따르면 세탁기의 소비 전력은 240W인 TV보다 높고, 900W인 에어컨보다 낮으므로 899 ~ 241W 사이임을 알 수 있다. 그러나 주어진 조건만으로 세탁기의 정확한 소비 전력을 알 수 없다.

25 정답 ①

네 개의 가전제품 중 소비 전력이 높은 순서대로 나열하면 '에어컨 – 세탁기 – TV – 냉장고' 순이다.

따라서 냉장고의 소비 전력이 가장 낮음을 알 수 있다.

26 정답 ②

TV의 소비 전력은 140W인 냉장고보다 100W 더 높으므로 240W 임을 알 수 있다. 이때, 소비 전력이 70W인 선풍기 4대의 소비 전력은 280W가 되므로 240W인 TV 1대의 소비 전력이 선풍기 4대보다 낮음을 알 수 있다.

27 정답 ②

대부분의 경우에 ABC나 CBA로 서 있어서 다른 사람이 들어갈 수 없으며, D가 C 오른쪽에 있으므로 A□B□C는 불가능하지만 C□B□A는 가능하다.

따라서 'A, B, C 사이에는 다른 사람이 들어갈 수 없다.'는 거짓이다.

28 정답 ①

A ~ E 5명이 서 있을 수 있는 경우는 EABCD, ECBAD, CEBDA, CDBEA, ABCDE, ABCED, CBAED, CBADE 총 8가지이므로 참이다.

29 정답 ①

A =스트레스를 받음, B =매운 음식을 먹음, C =아이스크림을 먹음, D =운동을 함, E =야근을 함, F =친구를 만남이라고 할 때, 주어진 조건을 정리하면 $A \rightarrow B \rightarrow C \rightarrow D \rightarrow \sim E \rightarrow F$ 가 성립한다.

따라서 $A \rightarrow C$ 가 성립하고 이의 대우 명제도 참이다.

30 정답 ②

$B \rightarrow F$ 가 성립하므로 이의 대우 명제인 $\sim F \rightarrow \sim B$ 가 참이다. 따라서 '친구를 만나지 않았다면 매운 음식을 먹는다.'는 거짓이다.

31 정답 ③

$C \rightarrow \sim E$ 가 성립한다고 해서 이의 역 명제가 참인지는 알 수 없다.

32 정답 ④

- 내구성을 따지지 않는 사람 → 속도에 관심이 없는 사람 → 디자인에 관심 없는 사람
- 연비를 중시하는 사람 → 내구성을 따지는 사람

따라서 '내구성을 따지지 않는 사람은 디자인에도 관심이 없다.'는 반드시 참이다.

33 정답 ③

대부분이 모두를 뜻하지 않으므로, 책 읽기를 좋아하는 사람 중에는 어린이가 아닌 사람이 있다.

34 정답 ③

영수와 재호의 시력을 비교할 수 없으므로 시력이 높은 순서대로 나열하면 '정수 – 영호 – 영수 – 재호 – 경호' 또는 '정수 – 영호 – 재호 – 영수 – 경호'가 된다.

따라서 어느 경우라도 정수의 시력이 가장 높으므로 ③은 반드시 참이다.

35 정답 ②

동주는 관수보다, 관수는 보람보다, 보람이는 창호보다 크다. 따라서 동주 – 관수 – 보람 – 창호 순으로 크다. 그러나 인성이는 보람이보다 작지 않은 것은 알 수 있지만, 다른 사람과의 관계는 알 수 없다.

36 정답 ④

홍보팀은 1 : 0으로 승리하였으므로 골을 넣은 사람은 한 명임을 알 수 있다.

- A의 진술이 참인 경우 : 골을 넣은 사람이 C와 D 두 명이 되므로 성립하지 않는다.
- B의 진술이 참인 경우 : B, C, D 세 명의 진술이 참이 되므로 성립하지 않는다.
- C의 진술이 참인 경우 : 골을 넣은 사람은 D이다.
- D의 진술이 참인 경우 : A와 D 또는 C와 D 두 명의 진술이 참이 되므로 성립하지 않는다.

따라서 C의 진술이 참이며, 골을 넣은 사람은 D이다.

37 정답 ①

D의 진술에 대한 A와 C의 진술이 상반되므로 둘 중 1명이 거짓을 말하고 있음을 알 수 있다.
- C의 진술이 거짓인 경우 : C와 D 2명의 진술이 거짓이 되므로 성립하지 않는다.
- A의 진술이 거짓인 경우 : B, C, D의 진술이 모두 참이 되며, 사탕을 먹은 사람은 A이다.

따라서 거짓을 말하는 사람은 A이다.

38 정답 ②

먼저 B의 진술이 거짓일 경우 A와 C는 모두 프로젝트에 참여하지 않으며, C의 진술이 거짓일 경우 B와 C는 모두 프로젝트에 참여한다. B와 C의 진술은 동시에 거짓이 될 수 없으므로 둘 중 1명의 진술은 반드시 참이 된다.
- B의 진술이 참인 경우
  A는 프로젝트에 참여하지 않으며, B와 C는 모두 프로젝트에 참여한다. B와 C 모두 프로젝트에 참여하므로 D는 프로젝트에 참여하지 않는다.
- C의 진술이 참인 경우
  A의 진술은 거짓이므로 A는 프로젝트에 참여하지 않으며, B는 프로젝트에 참여한다. C는 프로젝트에 참여하지 않으나, B가 프로젝트에 참여하므로 D는 프로젝트에 참여하지 않는다.

따라서 반드시 프로젝트에 참여하는 사람은 B이다.

39 정답 ④

영희는 가방을 좋아하고, 가방을 좋아하면 바나나를 좋아한다. 즉, 영희는 바나나를 좋아한다. 두 번째 문장의 대우 명제는 '바나나를 좋아하면 비행기를 좋아하지 않는다.'이다. 따라서 '영희는 비행기를 좋아하지 않는다.'를 유추할 수 있다.

오답분석
① 세 번째 문장의 대우는 '바나나를 좋아하지 않는 사람은 가방을 좋아하지 않는다.'이다.
② 주어진 문장은 두 번째 문장의 이이다. 따라서 참일 수도 거짓일 수도 있다.
③ 두 번째 문장과 세 번째 문장의 대우 명제를 결합하면 '비행기를 좋아하는 사람은 가방을 좋아하지 않는다.'를 유추할 수 있다.

40 정답 ③

가격이 비싼 순서대로 나열하면 볼펜<테이프<가위<공책 순이다.
따라서 가위가 두 번째로 비싼 문구임을 추론할 수 있다.

제**3**영역 지각능력검사

01	02	03	04	05	06	07	08	09	10
①	③	②	④	②	③	②	①	②	①
11	12	13	14	15	16	17	18	19	20
①	③	③	③	③	②	②	①	②	②
21	22	23	24	25	26	27	28	29	30
③	④	③	①	④	④	②	④	④	④
31	32	33	34	35	36	37	38	39	40
①	③	④	②	①	③	④	①	②	③

01 정답 ①

'백두산'은 함경도와 만주 사이에 있는 산으로, 장백산맥(長白山脈) 동쪽에 솟은 우리나라 제일의 산이다. 최고봉인 병사봉에 있는 칼데라호인 천지(天池)에서 압록강, 두만강, 송화강(松花江)이 시작한다.

02 정답 ③

'한라산'은 제주특별자치도 중앙에 있는 산으로 참나무·산벚나무·단풍나무 따위의 식물이 자라며, 명승지로 삼성혈·백록담 따위가 있다.

03 정답 ②

'지리산'은 경상남도, 전라남도, 전라북도에 걸쳐 있는 산이자 소백산맥 남쪽에 있는 산으로 청학동(靑鶴洞), 칠불암(七佛菴) 따위가 유명하다.

04 정답 ④

파일 이름에 주어진 규칙을 적용하여 암호를 구하면 다음과 같다.
1. 비밀번호 중 첫 번째 자리에는 파일 이름의 첫 문자가 한글일 경우 @, 영어일 경우 #, 숫자일 경우 *로 특수문자를 입력한다.
   - 2022매운전골Cset3인기준recipe8 → *
2. 두 번째 자리에는 파일 이름의 총 자리 개수를 입력한다.
   - 2022매운전골Cset3인기준recipe8 → *23
3. 세 번째 자리부터는 파일 이름 내에 숫자를 순서대로 입력한다. 숫자가 없을 경우 0을 두 번 입력한다.
   - 2022매운전골Cset3인기준recipe8 → *23202238
4. 그 다음 자리에는 파일 이름 중 한글이 있을 경우 초성만 순서대로 입력한다. 없다면 입력하지 않는다.
   - 2022매운전골Cset3인기준recipe8 → *23202238ㅁㅇㅈ ㄱㅇㄱㅈ

5. 그 다음 자리에는 파일 이름 중 영어가 있다면 뒤에 덧붙여 순서대로 입력하되, a, e, I, o, u만 'a=1, e=2, I=3, o=4, u=5'로 변형하여 입력한다(대문자·소문자 구분 없이 모두 소문자로 입력한다).
   • 2022매운전골Cset3인기준recipe8 → *23202238ㅁㅇㅈㄱㅇㄱㅈcs2tr2c3p2
따라서 주어진 파일 이름의 암호는 '*23202238ㅁㅇㅈㄱㅇㄱㅈcs2tr2c3p2'이다.

05
정답 ②

한글 자음을 순서에 따라 바로 뒤의 자음으로 변환하면 다음과 같다.

ㄱ	ㄴ	ㄷ	ㄹ	ㅁ	ㅂ	ㅅ
ㄴ	ㄷ	ㄹ	ㅁ	ㅂ	ㅅ	ㅇ
ㅇ	ㅈ	ㅊ	ㅋ	ㅌ	ㅍ	ㅎ
ㅈ	ㅊ	ㅋ	ㅌ	ㅍ	ㅎ	ㄱ

한글 모음을 순서에 따라 영어로 변환하면 다음과 같다.

ㅏ	ㅐ	ㅑ	ㅒ	ㅓ	ㅔ	ㅕ
a	b	c	d	e	f	g
ㅖ	ㅗ	ㅘ	ㅙ	ㅚ	ㅛ	ㅜ
h	i	j	k	l	m	n
ㅝ	ㅞ	ㅟ	ㅠ	ㅡ	ㅢ	ㅣ
o	p	q	r	s	t	u

ㄴ=ㄱ, u=ㅣ, ㅂ=ㅁ, ㅋ=ㅊ, u=ㅣ, ㅊㅊ=ㅉ, u=ㅣ, ㄴ=ㄱ, b=ㅐ
따라서 김대리가 말한 메뉴는 김치찌개이다.

06
정답 ③

ㅈ=ㅊ, ㅗ=i, ㄴ=ㄷ, ㅈ=ㅊ, ㅜ=n, ㅇ=ㅈ, ㄱ=ㄴ, ㅘ=j, 공백=0, ㅂ=ㅅ, ㅐ=b, ㄹ=ㅁ, ㅕ=g

07
정답 ②

◉은 2번째에 제시된 도형이므로 정답은 ②이다.

08
정답 ①

ㅒ은 3번째에 제시된 도형이므로 정답은 ①이다.

09
정답 ②

γ은 5번째에 제시된 도형이므로 정답은 ②이다.

10
정답 ①

ю은 1번째에 제시된 도형이므로 정답은 ①이다.

11
정답 ①

제시된 문자를 오름차순으로 나열하면 'J-L-P-T-U-W'이므로 5번째에 오는 문자는 'U'이다.

12
정답 ②

제시된 문자를 오름차순으로 나열하면 'ㄱ-ㅂ-ㅅ-ㅇ-ㅈ-ㅎ'이므로 5번째 오는 문자는 'ㅈ'이다.

13
정답 ②

제시된 문자를 오름차순으로 나열하면 'ㄷ-ㅛ-ㅜ-ㅇ-ㅡ-ㅍ'이므로 2번째 오는 문자는 'ㅛ'이다.

14
정답 ③

제시된 문자를 오름차순으로 나열하면 'B-G-L-N-P-T'이므로 3번째 오는 문자는 'L'이다.

15
정답 ③

제시된 문자를 오름차순으로 나열하면 'D-G-R-S-T-W'이므로 6번째 오는 문자는 'W'이다.

16
정답 ②

제시된 문자와 수를 내림차순으로 나열하면 '하-12-카-6-5-나'이므로 5번째에 오는 문자나 수는 '5'이다.

17
정답 ②

제시된 수를 내림차순으로 나열하면 '95-64-42-35-11-10'이므로 3번째에 오는 수는 '42'이다.

18
정답 ①

제시된 문자를 내림차순으로 나열하면 'ㅡ-ㅠ-ㅗ-ㅓ-ㅑ-ㅏ'이므로 4번째로 오는 문자는 'ㅓ'이다.

19
정답 ②

제시된 문자를 내림차순으로 나열하면 'U-Q-N-K-G-B'이므로 4번째 오는 문자는 'K'이다.

20
정답 ②

제시된 문자를 내림차순으로 나열하면 'N - ㅈ - ㅠ - ㅅ - ㅕ - ㄷ'이므로 2번째에 오는 문자는 'ㅈ'이다.

21
정답 ③

①

②

④

22
정답 ④

①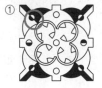

②

③

23
정답 ③

①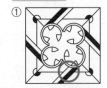

②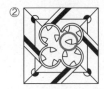

④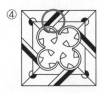

24
정답 ①

②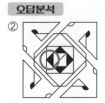

③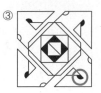

④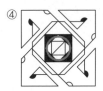

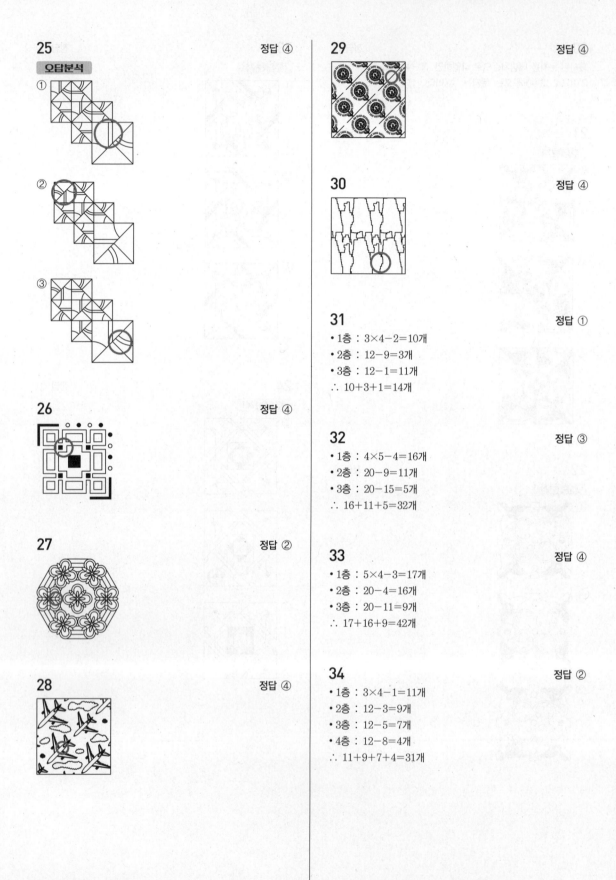

25 　　　　　　　　　　　　정답 ④

오답분석

①

②

③

26 　　　　　　　　　　　　정답 ④

27 　　　　　　　　　　　　정답 ②

28 　　　　　　　　　　　　정답 ④

29 　　　　　　　　　　　　정답 ④

30 　　　　　　　　　　　　정답 ④

31 　　　　　　　　　　　　정답 ①

- 1층 : $3 \times 4 - 2 = 10$개
- 2층 : $12 - 9 = 3$개
- 3층 : $12 - 1 = 11$개
- ∴ $10 + 3 + 1 = 14$개

32 　　　　　　　　　　　　정답 ③

- 1층 : $4 \times 5 - 4 = 16$개
- 2층 : $20 - 9 = 11$개
- 3층 : $20 - 15 = 5$개
- ∴ $16 + 11 + 5 = 32$개

33 　　　　　　　　　　　　정답 ④

- 1층 : $5 \times 4 - 3 = 17$개
- 2층 : $20 - 4 = 16$개
- 3층 : $20 - 11 = 9$개
- ∴ $17 + 16 + 9 = 42$개

34 　　　　　　　　　　　　정답 ②

- 1층 : $3 \times 4 - 1 = 11$개
- 2층 : $12 - 3 = 9$개
- 3층 : $12 - 5 = 7$개
- 4층 : $12 - 8 = 4$개
- ∴ $11 + 9 + 7 + 4 = 31$개

35
정답 ①

• 1층 : 4×4−2=14개
• 2층 : 16−4=12개
• 3층 : 16−5=11개
• 4층 : 16−9=7개
∴ 14+12+11+7=44개

36
정답 ③

• 1층 : 4×4−1=15개
• 2층 : 16−3=13개
• 3층 : 16−5=11개
• 4층 : 16−10=6개
∴ 15+13+11+6=45개

37
정답 ④

• 1층 : 4×4−2=14개
• 2층 : 16−3=13개
• 3층 : 16−8=8개
• 4층 : 16−12=4개
∴ 14+13+8+4=39개

38
정답 ①

• 1층 : 4×5−1=19개
• 2층 : 20−6=14개
• 3층 : 20−8=12개
• 4층 : 20−10=10개
∴ 19+14+12+10=55개

39
정답 ②

• 1층 : 5×5=25개
• 2층 : 25−4=21개
• 3층 : 25−9=16개
• 4층 : 25−10=15개
∴ 25+21+16+15=77개

40
정답 ③

• 1층 : 5×5−1=24개
• 2층 : 25−4=21개
• 3층 : 25−7=18개
• 4층 : 25−13=12개
∴ 24+21+18+12=75개

4일 차 기출응용 모의고사 정답 및 해설

제 **1** 영역 수리능력검사

01	02	03	04	05	06	07	08	09	10
④	④	④	④	④	④	④	②	①	④
11	12	13	14	15	16	17	18	19	20
②	②	④	③	①	③	③	④	③	②
21	22	23	24	25	26	27	28	29	30
④	③	④	③	②	②	④	③	③	②
31	32	33	34	35	36	37	38	39	40
①	④	①	③	③	④	③	③	①	②

01
정답 ④

$(2,418-1,131) \div 13 \times 41 = 1,287 \div 13 \times 41 = 99 \times 41 = 4,059$

02
정답 ④

$43 \times 4 - 240 \div 8 - 2^2 \times 34 = 172 - 30 - 4 \times 34 = 142 - 136 = 6$

03
정답 ④

$324 + 21 \div 3 + 323 + 241 = 324 + 7 + 564 = 331 + 564 = 895$

04
정답 ④

$423 + 42 \div 3 \div 2 + 52 = 423 + 14 \div 2 + 52 = 475 + 7 = 482$

05
정답 ④

$65 + 6 \times 34 + 56 = 121 + 204 = 325$

06
정답 ④

$444 - 72 \div 8 - 345 = 444 - 9 - 345 = 90$

07
정답 ④

$12 + 232 \div 2^2 + 34 = 12 + 58 + 34 = 104$

08
정답 ②

$2 + 81 \div 3 \div 3^2 = 2 + 27 \div 3^2 = 2 + 3 = 5$

09
정답 ①

$6^3 \div 4 + 9^2 \div 3^2 = 216 \div 4 + 9 = 54 + 9 = 63$

10
정답 ④

$7 \times 9 + 3 \times 7 \times 2 = 63 + 42 = 105$

11
정답 ②

현재 철수의 나이를 x세라고 하면 철수와 아버지의 나이 차는 25세이므로 아버지의 나이는 $(x+25)$세이다.
3년 후 아버지의 나이가 철수 나이의 2배가 되므로 다음과 같은 식이 성립한다.
$2(x+3) = (x+25) + 3$
$\therefore x = 22$
따라서 현재 철수의 나이는 22세이다.

12
정답 ②

전체 일의 양을 1이라고 하면 소미가 하루 동안 할 수 있는 일의 양을 $\frac{1}{12}$, 세정이와 미나가 함께 하루 동안 할 수 있는 일의 양을 $\frac{1}{4}$이다. 세 사람이 x일 동안 일한다고 하면 다음과 같은 식이 성립한다.
$\left(\frac{1}{12} + \frac{1}{4}\right) \times x = 1$
$\therefore x = 3$
따라서 다 같이 하면 3일이 걸린다.

13

정답 ④

기차는 다리에 진입하여 완전히 벗어날 때까지 다리의 길이인 800m에 기차의 길이 100m를 더한 총 900m(0.9km)를 36초(0.01시간) 동안 이동했다.

따라서 (속력)$=\dfrac{(거리)}{(시간)}$이므로 기차의 속력은 $\dfrac{0.9}{0.01}=90$km/h이다.

14

정답 ③

두 사람은 이번 주 토요일 이후에 각각 15일, 20일마다 미용실에 간다. 15와 20의 최소공배수를 구하면 60이므로 60일마다 두 사람은 미용실에 함께 가게 된다.

따라서 처음으로 다시 두 사람이 미용실에 같이 가는 요일은 $60\div7$ $=7\times8+4$이므로 토요일의 4개 요일 후는 수요일이다.

15

정답 ①

식물의 나이를 각각 x, y세라고 하면 다음과 같은 식이 성립한다.

$x+y=8\cdots\text{㉠}$

$x^2+y^2=34\cdots\text{㉡}$

㉡을 변형하면 $x^2+y^2=(x+y)^2-2xy$가 되는데, 이에 $x+y=8$을 대입하면 다음과 같다.

$34=64-2xy \rightarrow xy=15\cdots\text{㉢}$

㉠과 ㉢을 만족하는 자연수 순서쌍은 $(x, y)=(5, 3), (3, 5)$이다.

따라서 두 식물의 나이 차는 2세이다.

16

정답 ③

농도가 4%인 소금물 300g에 들어있는 소금의 양은 $300\times\dfrac{4}{100}=$ 12g이므로 소금 100g을 추가로 넣었을 때 소금물의 농도는 $\dfrac{12+100}{300+100}\times100=28$%이다.

17

정답 ③

총 6시간 30분 중 30분은 정상에서 휴식을 취했으므로, 오르막길과 내리막길의 실제 이동 시간은 6시간이다.

총 14km의 길이 중 a는 오르막길에서 걸린 시간, b는 내리막길에서 걸린 시간을 두면 식은 다음과 같다.

$a+b=6\cdots\text{㉠}$

$1.5a+4b=14\cdots\text{㉡}$

㉠과 ㉡을 연립하면 a는 4시간, b는 2시간이 소요된다.

따라서 오르막길 A의 거리는 1.5km$\times4=6$km이다.

18

정답 ④

농도 2% 소금물의 양을 xg이라고 하면 다음과 같은 식이 성립한다.

$\dfrac{20\times\dfrac{5}{100}+x\times\dfrac{2}{100}}{20+x}\times100=3$

$\rightarrow \dfrac{100+2x}{20+x}=3$

$\rightarrow 100+2x=3(20+x)$

$\rightarrow 100+2x=60+3x$

$\therefore x=40$

따라서 농도 2%의 소금물 40g을 넣으면 농도 3%의 소금물이 된다.

19

정답 ③

1시간 10분 동안 정비를 받는 횟수는 2번으로 정비를 받는 시간은 총 10분이므로 경주하는 시간은 $\dfrac{70}{60}-\dfrac{10}{60}=\dfrac{60}{60}=1$시간이다.

따라서 경주한 거리는 $300\times1=300$km이다.

20

정답 ②

움직인 시간을 x라고 하면 두 사람이 마주치는 층은 일차 방정식을 통해 계산을 할 수 있다.

$x=15-2x$

$\rightarrow 3x=15$

$\therefore x=5$

따라서 두 사람은 5층에서 같은 층이 된다.

21

정답 ④

세 지역 모두 핵가족 가구 비중이 더 높으므로, 핵가족 수가 더 많다.

오답분석

① 핵가족 가구의 비중이 가장 높은 곳은 71%인 B지역이다.

② 1인 가구는 기타 가구의 일부이므로, 1인 가구만의 비중은 알 수 없다.

③ 확대가족 가구의 비중이 가장 높은 곳은 C지역이지만 이 수치는 어디까지나 비중이므로 가구 수는 알 수가 없다

22

정답 ③

각 매장의 주중 평균 매출액을 표로 정리하면 다음과 같다.

구분	주중 평균 매출액
K치킨	$\dfrac{420+460+360+450+495}{5}=437$만 원
H한식당	$\dfrac{505+495+500+555+580}{5}=527$만 원
T카페	$\dfrac{450+460+400+450+500}{5}=452$만 원

따라서 T카페의 주중 평균 매출액 452만 원보다 일일 매출액이 많은 요일은 화요일·금요일 이틀이므로 옳지 않다.

① H한식당의 화요일 매출액 495만 원은 T카페 목요일 매출액보다
$\frac{495-450}{450}\times100=10\%$ 많다.

② K치킨 주중 평균 매출액 437만 원은 470만 원보다 30만 원
이상 적다.

④ K치킨과 T카페의 주중 매출액 증감 추이는 '증가 – 감소 – 증
가 – 증가'로 같다.

23   정답 ④

사고 전·후 이용 가구 수의 차이가 가장 큰 것은 생수이며, 가구
수의 차이는 170−100=70가구이다.

① 사고 전에 식수 조달원으로 수돗물을 이용하는 가구 수가 140
가구로 가장 많다.

② 사고 전에 비해 사고 후에 이용 가구 수가 감소한 식수 조달은
수돗물과 약수로 2개이다.

③ 사고 전·후 식수 조달원을 변경한 가구 수는 30+20+30+10
+10+30+20+10+40+10+10=230가구이며 전체 가
구 수는 230+60+80+20+70=460가구의 $\frac{230}{460}\times100=50\%$
이므로 60%미만이다.

24   정답 ③

곡물별 2022년과 2023년의 소비량 변화는 다음과 같다.
• 소맥 : 680−697=17백만 톤
• 옥수수 : 860−880=20백만 톤
• 대두 : 240−237=3백만 톤
따라서 소비량의 변화가 가장 작은 곡물은 옥수수가 아닌 대두이다.

① 제시된 자료를 통해 확인할 수 있다.

② 제시된 자료를 통해 2024년에 모든 곡물의 생산량과 소비량이
다른 해에 비해 많았음을 알 수 있다.

④ • 2022년 전체 곡물 생산량 : 695+885+240=1,820백만 톤
• 2024년 전체 곡물 생산량 : 750+950+260=1,960백만 톤
따라서 2022년과 2024년의 전체 곡물 생산량의 차이는 1,960
−1,820=140백만 톤이다.

25   정답 ②

ㄷ. 전년 대비 국·영·수의 월 최대 수강자 수가 증가한 해는
2020년과 2024년이고, 증가율은 다음과 같다.
• 2020년 : $\frac{385-350}{350}\times100=10\%$
• 2023년 : $\frac{378-360}{360}\times100=5\%$
따라서 전년 대비 증가율은 2020년에 가장 높다.

ㄱ. 2021년 국·영·수의 월 최대 수강자 수는 전년 대비 감소했
지만, 월 평균 수강자 수는 전년 대비 증가하였다.

ㄴ. 2021년 국·영·수의 월 최대 수강자 수는 전년 대비 감소했
지만, 월 평균 수업료는 전년 대비 증가하였다.

ㄹ. 2019 ~ 2024년 동안 월 평균 수강자 수가 국·영·수 과목이
최대, 최소인 해는 각각 2023년, 2019년이고, 탐구 과목이
최대, 최소인 해는 2022년, 2020년이다.

26   정답 ②

자료의 분포는 상품 B가 더 고르지 못하므로 표준편차는 상품 B가
더 크다.

① 사계절의 판매량을 각각 더하면 상품 A의 경우 200이고, 상품
B의 경우 200이 약간 넘는다.

③ 봄 판매량의 합은 80으로 가장 적다.

④ 시간이 지남에 따라 두 상품의 판매량 차는 점차 감소한다.

27   정답 ④

• 2016 ~ 2017년 사이 축산물 수입량은 약 10만 톤 감소했으나,
수입액은 약 2억 달러 증가하였다.

• 2021 ~ 2022년 사이 축산물 수입량은 약 10만 톤 감소했으나,
수입액은 변함이 없다.
따라서 축산물 수입량과 수입액의 변화 추이는 동일하지 않다.

28   정답 ③

소나무재선충병에 대한 방제는 2020년과 2021년 사이에 42−27
=15건 증가하였고, 2023년과 2024년 사이에 61−40=21건이
증가하는 등 조사 기간 내 두 차례의 큰 변동이 있었다.

① 기타병해충에 대한 방제 현황은 2024년을 제외하고 매해 첫 번
째로 큰 비율을 차지한다.

② 매해 솔잎혹파리가 차지하는 방제 비율은 다음과 같다.
• 2020년 : $\frac{16}{117}\times100 ≒ 14\%$
• 2021년 : $\frac{13}{135}\times100 ≒ 10\%$
• 2022년 : $\frac{12}{129}\times100 ≒ 9\%$
• 2023년 : $\frac{9}{116}\times100 ≒ 7.8\%$
• 2024년 : $\frac{6}{130}\times100 ≒ 5\%$
따라서 솔잎혹파리가 차지하는 방제 비율은 10% 미만이다.

④ 2022년과 2024년에 소나무재선충병은 각각 전년도에 비해 증
가하였으나 기타병해충은 감소하였으므로 동일한 증감 추이를
보이지 않는다.

29
정답 ③

작년 전체 실적은 45+50+48+42=185억 원이며, 1~2분기와 3~4분기의 실적들의 비중을 각각 구하면 다음과 같다.

- 1~2분기 비중 : $\dfrac{45+50}{185}\times100≒51.4\%$

- 3~4분기 비중 : $\dfrac{48+42}{185}\times100≒48.6\%$

30
정답 ②

2024년 국제소포 분야 매출액의 2020년 국제소포 매출액 대비 증가율은 $\dfrac{21,124-17,397}{17,397}\times100≒21.4\%$로 10% 이상이므로 ②는 옳지 않다.

오답분석

① 제시된 자료를 통해 2024년 4/4분기 매출액이 2024년 다른 분기에 비해 가장 높은 것을 확인할 수 있다.

③ 2024년 분야별 매출액의 2020년 대비 증가율은 다음과 같다.

- 국제통상 분야 : $\dfrac{34,012-16,595}{16,595}\times100≒105\%$

- 국제소포 분야 : $\dfrac{21,124-17,397}{17,397}\times100≒21.4\%$

- 국제특급 분야 : $\dfrac{269,674-163,767}{163,767}\times100≒64.7\%$

따라서 2024년 매출액 증가율이 2020년 대비 가장 큰 분야는 국제통상 분야의 매출액이다.

④ 2023년 국제통상 분야의 매출액 비율은 $\dfrac{26,397}{290,052}\times100≒9.1\%$이므로 10% 미만이다.

31
정답 ①

실업률 증감을 구하는 식은 다음과 같다.

[실업률 증감(%)]=$\dfrac{(11월\ 실업률)-(2월\ 실업률)}{(2월\ 실업률)}\times100$

$=\dfrac{3.1-4.9}{4.9}\times100≒-37\%$

따라서 2023년 11월의 실업률은 2024년 2월 대비 37% 감소했다.

32
정답 ④

ㄷ. 확률은 $\dfrac{1}{10}\times\dfrac{45}{100}$, 즉 $0.1\times\dfrac{45}{100}$이다.

ㄹ. (자녀의 직업이 A일 확률)

$=\dfrac{1}{10}\times\dfrac{45}{100}+\dfrac{4}{10}\times\dfrac{5}{100}+\dfrac{5}{10}\times\dfrac{1}{100}=\dfrac{7}{100}$

오답분석

ㄱ. (자녀의 직업이 C일 확률)

$=\dfrac{1}{10}\times\dfrac{7}{100}+\dfrac{4}{10}\times\dfrac{25}{100}+\dfrac{5}{10}\times\dfrac{49}{100}=\dfrac{352}{1,000}$

ㄴ. '부모의 직업이 C일 때, 자녀의 직업이 B일 확률'을 '자녀의 직업이 B일 확률'로 나누면 구할 수 있다.

33
정답 ①

ㄱ. ○표시는 인과관계가 성립한다는 것이고, ×표시는 인과관계가 성립하지 않는다는 것을 의미한다. 따라서 모든 방향에서 ×표시가 되어 있는 미국, 영국, 독일, 이탈리아는 경제성장과 1차 에너지소비 사이에 어떤 방향으로도 인과관계가 존재하지 않는다는 것을 알 수 있다.

ㄴ. 캐나다, 프랑스, 일본, 한국의 경우는 경제성장에서 1차 에너지소비로의 일방적인 인과관계가 나타나고 있기 때문에, 에너지소비절약 정책이 경제구조를 왜곡시키지는 않을 것으로 예측할 수 있다.

오답분석

ㄷ. ㄴ과 같은 맥락에서 볼 때, 한국에서의 에너지절약 정책은 경제성장에 장애를 유발하지 않고 추진될 수 있다고 할 수 있다.

ㄹ. 표에 있는 국가들은 한국을 제외하고는 모두 G7 국가이다. 따라서 ㄱ과 ㄴ을 참고하면 올바른 진술이 아니다.

34
정답 ③

- 2022년 전년 대비 감소율 : $\dfrac{23-24}{24}\times100≒-4.17\%$

- 2023년 전년 대비 감소율 : $\dfrac{22-23}{23}\times100≒-4.35\%$

따라서 2023년이 2022년보다 더 큰 비율로 감소하였다.

오답분석

① 2024년 총지출을 a억 원이라고 가정하면 식은 다음과 같다.

$a\times0.06=21$억 원 → $a=\dfrac{21}{0.06}=350$, 총지출은 350억 원이므로 320억 원 이상이다.

② 2021년 경제 분야 투자규모의 전년 대비 증가율은 $\dfrac{24-20}{20}\times100=20\%$이므로 25% 이하이다.

④ 2020~2024년 동안 경제 분야에 투자한 금액은 20+24+23+22+21=110억 원이다.

35
정답 ③

㉠ 2019~2021년까지 전년 대비 세관물품 신고 수가 증가와 감소를 반복한 것은 '증가 – 감소 – 증가'인 B와 D이다.
따라서 가전류와 주류는 B와 D 중 하나에 해당한다.

㉡ A~D의 전년 대비 2022년 세관물품 신고 수의 증가량은 다음과 같다.

- A : 5,109-5,026=83만 건
- B : 3,568-3,410=158만 건
- C : 4,875-4,522=353만 건
- D : 2,647-2,135=512만 건

따라서 C가 두 번째로 증가량이 많으므로 담배류에 해당한다.

ⓒ B, C, D를 제외하면 잡화류는 A임을 바로 알 수 있지만, 표의 수치를 보면 A가 2019 ~ 2022년 동안 매년 세관물품 신고 수가 가장 많음을 확인할 수 있다.

ⓔ 2021년도 세관물품 신고 수의 전년 대비 증가율을 구하면 D의 증가율이 세 번째로 높으므로 주류에 해당하고 ㈀에 따라 B가 가전류가 된다.

- A : $\dfrac{5,026-4,388}{4,388} \times 100 ≒ 14.5\%$

- B : $\dfrac{3,410-3,216}{3,216} \times 100 ≒ 6.0\%$

- C : $\dfrac{4,522-4,037}{4,037} \times 100 ≒ 12.0\%$

- D : $\dfrac{2,135-2,002}{2,002} \times 100 ≒ 6.6\%$

따라서 A는 잡화류, B는 가전류, C는 담배류, D는 주류이다.

36 정답 ④

최소 인구인 도시의 인구수 대비 최대 인구인 도시의 인구수 비는 지속적으로 감소해 2014년에 약 3.56배까지 감소했으나, 2024년에 약 3.85배로 다시 증가하였다.

오답분석

① B와 C도시는 조사기간 동안 인구가 지속적으로 증가하였으나, A도시의 경우 2004년 이후 지속적으로 인구가 줄고 있다.

② 2014년을 기점으로 A도시와 B도시의 인구수 순위가 뒤바뀐다.

③ B도시는 조사기간 동안 약 38%, 54%, 59%의 인구 성장률을 보이며 세 도시 중 가장 큰 성장률을 기록했다.

37 정답 ③

ㄴ. • 학생 확진자 중 초등학생의 비율 : $\dfrac{489}{1,203} \times 100 ≒ 40.6\%$

• 전체 확진자 중 초등학교 기관의 비율 : $\dfrac{(489+73)}{(1,203+233)} \times 100$

≒39.1%

따라서 학생 확진자 중 초등학생 비율이 더 높다.

ㄷ. • 전체 확진자 중 고등학생의 비율 : $\dfrac{351}{(1,203+233)} \times 100 ≒$

24.4%이고

• 유치원생의 비율 : $\dfrac{56}{(1,203+233)} \times 100 ≒ 3.9\%$

따라서 확진자는 유치원생의 비율보다 고등학생의 비율이 약 6.3배 이상이다.

오답분석

ㄱ. • 확진자 중 퇴원수의 비율 : 학생은 $\dfrac{1,089}{1,203} \times 100 ≒ 90.5\%$

• 확진자 중 교직원의 비율 : $\dfrac{226}{233} \times 100 ≒ 97\%$

따라서 97-90.5=6.5 약 6% 이상 차이가 난다.

ㄹ. 고등학교와 중학교 소속 확진자 수는 351+58+271+68= 748명이고, 이는 전체 확진자 1,203+233=1,436명의 약 52.1%이다.

38 정답 ③

2023년 대비 2024년 이용 건수의 증감량은 통상 국내특급이 91,214-86,309=4,905건으로 가장 크며, 그 다음은 10,678- 7,772=2,906건인 특별송달이다. 그 다음으로 이용 건수의 증감량이 큰 것은 증감량이 4,256-3,186=1,070건인 선거우편이다.

39 정답 ①

ㄱ. 2023년 대비 2024년 증감 추이는 내용증명은 증가이나 대금교환이 감소로 서로 상이하다.

ㄴ. 2021년 통상 국내특급과 특별송달 이용 건수의 합은 94,950 +16,973=111,923건으로 12만 건을 넘지 않는다.

ㄷ. 2021년 대비 2024년에 이용 건수가 감소한 우편물종은 통화보험취급, 유가증권 보험취급, 통상 배달증명, 대금교환, 통상 국내특급, 소포 국내특급, 특별송달, 민원우편, 모사전송우편까지 6가지를 초과한다.

오답분석

ㄹ. 2024년 전체 특수취급우편물종 이용 건수는 통상 국내특급, 특별송달, 내용증명, 선거우편만 합하여도 86,309+7,772+ 7,234+3,186=104,501건으로, 10만 건을 초과한다.

40 정답 ②

ⓒ 남성흡연율이 가장 낮은 연도는 50% 미만인 2020년이고, 여성 흡연율이 가장 낮은 연도도 약 20%인 2020년이다.

오답분석

㈀ 남성흡연율은 2022년까지 증가하다가 그 이후 감소하지만, 여성의 흡연율은 매년 꾸준히 증가하고 있다.

ⓒ 남성의 음주율이 가장 낮은 해는 80% 미만인 2023년이지만, 흡연율이 가장 낮은 해는 50% 미만인 2017년이다.

ⓔ 2022년 남성의 음주율과 여성 음주율이 80% 초과 90% 미만이므로 두 비율의 차이는 10%p 미만이다.

제2영역 추리능력검사

01	02	03	04	05	06	07	08	09	10
④	②	②	④	①	①	②	①	①	②
11	12	13	14	15	16	17	18	19	20
③	③	①	④	③	③	①	④	①	③
21	22	23	24	25	26	27	28	29	30
①	①	②	①	①	②	②	①	②	③
31	32	33	34	35	36	37	38	39	40
①	②	①	①	①	③	②	②	④	④

01   정답 ④
n을 자연수라고 하면 n항÷$(-2)+4=(n+1)$항인 수열이다.
따라서 ( )=$-16÷(-2)+4=12$이다.

02   정답 ②
n을 자연수라고 하면 n항×$3-1$이 $(n+1)$항인 수열이다.
따라서 ( )=$527×3-1=1,580$이다.

03   정답 ②
-5, ×(-2)가 반복되는 수열이다.
따라서 ( )=$14-5=9$이다.

04   정답 ④
앞의 항에 $+5$, $+20$, $+80$, $+320$, $+1,280$ …을 하는 수열이다.
따라서 ( )=$28+80=108$이다.

05   정답 ①
앞의 두 항을 더하면 다음 항이 된다.
따라서 ( )=$35-15=20$이다.

06   정답 ①
×1, ×2, ×3, …을 하는 수열이다.
따라서 ( )=$96×5=480$이다.

07   정답 ②
홀수 항은 ×3, 짝수 항은 ×(-3)인 수열이다.
따라서 ( )=$45×(-3)=-135$이다.

08   정답 ①
알파벳을 숫자로 변환하면 26, 25, 23, 20, 16, 11, ( )이다. 이는 앞의 항에 -1, -2, -3 … 씩 빼는 수열이므로 빈칸에 들어갈 수는 $11-6=5$이다. 제시된 규칙은 알파벳으로만 표기되어 있으므로 빈칸에 들어갈 문자는 E이다.

09   정답 ①
한글 자음을 숫자로 변환하면 14, 12, 11, 9, 8, 6, 5, ( )이다. 이는 -2, -1을 빼는 것을 반복하는 수열이므로 빈칸에 들어갈 수는 $5-2=3$이다. 제시된 규칙은 한글 자음으로만 표기되어 있으므로 빈칸에 들어갈 문자는 ㄷ이다.

10   정답 ②
알파벳을 숫자로 변환하면 1, 4, 9, 16, 25, 36, 23(49)이다. 제시된 수열은 1^2, 2^2, 3^2, 4^2 … 처럼 각 항 위치의 자연수를 제곱한 값이다. 제시된 규칙은 알파벳과 숫자가 번갈아 가며 따라서 빈칸에 들어갈 수는 $8^2=64$이다.

11   정답 ③
제시된 규칙은 숫자 항 앞의 문자 항 2개를 숫자로 변환하였을 때의 합이다. X와 Y를 숫자로 변환하면 24, 25이므로 빈칸에 들어갈 수는 $24+25=49$이다.

12   정답 ③
제시된 규칙은 알파벳 항 앞의 숫자 3개를 더했을 때의 숫자를 알파벳으로 변환한 것이다. 빈칸 앞의 숫자 3개를 더하면 $3+6+9=18$이므로 빈칸에 들어갈 문자는 R이다.

13   정답 ①
제시된 조건에 따르면 F4=F2F2=F1F2이므로 ?에 들어갈 도형은 ①이다.

14   정답 ④
제시된 조건에 따르면 F3F1=F1F1F1F1=F2F2F2F2이므로 ?에 들어갈 도형은 ④이다.

15   정답 ③
제시된 조건에 따르면 ➴➴➴➴=∞∞=✿이므로 ?에 들어갈 도형은 ③이다.

16 정답 ③

제시된 조건에 따르면 ϟ ϟ ✿=✿✿=∽∽✿이므로 ?에 들어갈 도형은 ③이다.

17 정답 ①

제시된 조건에 따르면 ≈≈=∫∫∫=∫∫∫∫이므로 ?에 들어갈 도형은 ①이다.

18 정답 ④

제시된 조건에 따르면 ▱▱=♩♩♩♩=∫∫∫∫∫∫이므로 ?에 들어갈 도형은 ④이다.

19 정답 ①

'A이면 B이다. → B가 아니다(후건부정). → A가 아니다(전건부정).'에 따라 ⓒ은 참이다.

20 정답 ③

민수와 철수 모두 정현보다 나이가 많다는 것만을 알 수 있을 뿐, 그 둘의 나이를 비교하여 알 수는 없다.

21 정답 ①

짖지 않는 강아지는 아파트에서 키울 수 있다. 이 강아지는 짖지 않는다. 따라서 이 강아지는 아파트에서 키울 수 있으므로 참이다.

22 정답 ①

수박과 참외는 과즙이 많고, 과즙이 많은 과일은 갈증해소와 이뇨작용에 좋다고 했으므로 참이다.

23 정답 ②

주어진 조건을 정리하면 다음과 같다.

구분	A	B	C	D
모자	파란색	초록색	노란색	빨간색
티셔츠	초록색	빨간색	파란색	노란색
바지	노란색	파란색	빨간색	초록색

A의 티셔츠는 초록색, C의 모자는 노란색이므로 색상은 서로 같지 않으므로 거짓이다.

24 정답 ①

23번 해설에 따르면 B의 모자와 D의 바지는 모두 초록색이므로 참임을 알 수 있다.

25 정답 ①

만약 소영이의 공 색깔이 모두 흰색이었다면 남은 공이 검정색뿐이므로 강훈이의 공 색깔이 모두 검정색이라는 것을 알 수 있었을 것이다. 그러나 소영이가 모른다고 한 것을 보아 소영이의 공 색깔은 모두 검정색이거나 검정색과 흰색을 하나씩 가졌다는 것을 알 수 있으므로 참이다.

26 정답 ②

강훈이의 공 색깔이 모두 흰색인 경우 소영이의 공 색깔은 모두 검정색인데 그러면 강훈이의 공 색깔이 검정색과 흰색인지 모두 흰색인지 알 수 없다. 따라서 소영이는 강훈이의 공 색깔을 맞힐 수 없으므로 거짓이다.

27 정답 ②

두 번째, 네 번째 제시문에 의해 B는 치통에 사용되는 약이고, A는 세 번째, 네 번째 제시문에 의해 몸살에 사용되는 약이다.
따라서 A – 몸살, B – 치통, C – 배탈, D – 피부병이므로 거짓이다.

28 정답 ①

두 번째, 다섯 번째 제시문에 의해, 희경이의 처방전은 C에 해당된다. 그러면 소미의 처방전은 마지막 제시문에 의해 D에 해당된다.
따라서 A – 정선, B – 은정, C – 희경, D – 소미이므로 참이다.

29 정답 ②

조건에 의해 다음 2가지 경우가 발생할 수 있다.

구분	국어	수학	사회	과학
경우 1	x	$x+17$	$x+7$	$x+22$
경우 2	x	$x+3$	$x-7$	$x+8$

국어가 80점인 경우에 경우 1이 적용되면 과학은 102점으로 100점 만점이라는 조건에 어긋난다.
따라서 경우 2만 적용되어 과학은 88점이 되므로 거짓이다.

30 정답 ③

경우 1에 따르면 국어가 70점일 때 사회는 77점이지만, 경우 2에서는 국어가 70점일 때 사회가 63점이다.
따라서 국어가 70점일 때 사회가 77점인지의 여부는 주어진 조건만으로 알 수 없다.

31 정답 ①

경우 1, 경우 2 모두 수학은 사회보다 10점 높으므로 참이다.

32 정답 ②

첫 번째와 두 번째 문장을 통해, '어떤 안경은 유리로 되어 있다.'는 결론을 도출할 수 있다.
따라서 '유리로 되어 있는 것 중 안경이 있다.'는 반드시 참이다.

33 정답 ①

착한 사람 → 거짓말을 하지 않음 → 모두가 좋아함, 성실한 사람 → 모두가 좋아함
따라서 '착한 사람은 모두가 좋아한다.'는 반드시 참이다.

34 정답 ①

어떤 학생 → 음악을 즐김 → 나무 → 악기
따라서 '어떤 학생은 악기다.'는 반드시 참이다.

35 정답 ①

전자 기술이 발전하여 조그만 칩 하나에 수백 권 분량의 정보가 기록될 것이라고 서술하고 있으므로 '컴퓨터는 종이책을 대신할 것이다.'는 참이다.

36 정답 ③

B와 A의 관계에 대한 설명이 없어 ③은 알 수 없다.

오답분석
① C는 A의 오빠이므로 A의 아들과는 친척관계이다.
② 월계 빌라의 모든 주민은 A와 친척이므로 D도 A의 친척이다.
④ C가 A의 오빠라는 말에서 알 수 있듯이 A는 여자이다.

37 정답 ②

주어진 조건을 정리하면 다음과 같다.

구분	A	B	C	D
꽃꽂이	×		○	
댄스	×	×	×	
축구			×	
농구		×	×	

A, B, C는 댄스 활동을 하지 않으므로 댄스 활동은 D의 취미임을 알 수 있다. 또한 B, C, D는 농구 활동을 하지 않으므로 A가 농구 활동을 취미로 한다는 것을 알 수 있다. 이를 정리하면 다음과 같다.

구분	A	B	C	D
꽃꽂이	×	×	○	×
댄스	×	×	×	○
축구	×	○	×	×
농구	○	×	×	×

따라서 A는 농구, D는 댄스 활동을 한다.

오답분석
① B는 축구 활동을 하는 것은 맞지만, D는 댄스 활동을 한다.
③ A는 농구 활동을, B는 축구 활동을 한다.
④ B는 축구 활동을 하며, D는 댄스 활동을 한다.

38 정답 ②

세 사람의 진술이 모두 참이라고 할 때, 을과 병의 진술이 모순된다.
ⅰ) 을의 진술이 참인 경우 병이 범인이고 을은 범인이 아니므로, 갑의 진술은 거짓이다. 그러므로 범인은 병과 갑이다.
ⅱ) 병의 진술이 참인 경우 을이 범인이고, 갑의 진술은 참이다.
따라서 범인은 을이다.

39 정답 ④

단 1명이 거짓말을 하고 있으므로 C와 D 중 1명은 반드시 거짓을 말하고 있다. 즉, C의 말이 거짓일 경우 D의 말은 참이 되며, D의 말이 참일 경우 C의 말은 거짓이 된다.
ⅰ) D의 말이 거짓일 경우
　 C와 B의 말이 참이므로 A와 D가 모두 1등이 되므로 모순이다.
ⅱ) C의 말이 거짓일 경우
　 A는 1등 당첨자가 되지 않으며, 나머지 진술에 따라 D가 1등 당첨자가 된다.
따라서 C가 거짓을 말하고 있으며, 1등 당첨자는 D이다.

40 정답 ④

오답분석
① 세 번째 명제의 대우와 첫 번째 명제를 통해 알 수 있다.
② 첫 번째 명제의 대우이다.
③ 두 번째 명제의 대우이다.

01	02	03	04	05	06	07	08	09	10
④	③	①	③	④	②	②	③	①	④
11	12	13	14	15	16	17	18	19	20
④	④	④	④	④	①	③	③	③	③
21	22	23	24	25	26	27	28	29	30
④	④	③	③	④	④	④	③	②	①
31	32	33	34	35	36	37	38	39	40
③	④	③	③	④	③	④	①	①	②

01
정답 ④

'현충일'은 나라를 위하여 싸우다 숨진 장병과 순국선열들의 충성을 기리기 위하여 정한 날로, 6월 6일이다.

02
정답 ③

'제헌절'은 우리나라의 헌법을 제정·공포한 것을 기념하기 위하여 제정한 국경일로, 7월 17일이다.

03
정답 ①

'한글날'은 세종 대왕이 창제한 훈민정음의 반포를 기념하기 위하여 제정한 국경일이다. 한글을 보급·연구하는 일을 장려하기 위하여 정한 날로 10월 9일이다.

04
정답 ③

수도권은 서울과 인천·경기인데, 이 학생이 재학 중인 캠퍼스는 GS로 서울캠퍼스이므로 옳다.

오답분석
① 같은 이름이 2명 이상일 경우, 임의로 이름 뒤에 숫자를 기입하여 구분한다고 되어 있으므로 학생 A가 2라고 표기되어 있더라도 '재하'라는 이름이 더 있을 수 있다.
② 학생 A가 2023년도에 입학하였지만, 2022년에 첫 수능을 응시하였는지는 알 수 없다.
④ 학생코드로는 학생 A의 성이 ㅅ(S)로 시작하는 것만 알 수 있을 뿐 그 이상은 알 수 없다.

05
정답 ④

• 갑은 2022년 가을, S대학 수시전형 지원을 하였지만 탈락하였다. 하지만 같은 해 수능을 응시하고 정시전형을 지원한 결과 최종합격을 하게 되어 2023년 S대학 인천캠퍼스 의예과에 입학하였다. 즉, 갑은 최종적으로 2022년 정시전형을 지원하여 2023년도 인천캠퍼스 의예과에 입학하였다. → 23YGIME

• 갑은 여성이다. → W
• 갑의 이름은 이주영이며, 같은 해 입학자 중 주영이라는 이름을 가진 사람은 갑뿐이다. → Ljuyoung
• 갑은 2024년 기준으로 휴학 중이다. → −AB
따라서 갑의 2024년 학생코드는 '23YGIMEWLjuyoung−AB'이다.

06
정답 ②

자료에 맞게 학생코드를 입력한 것은 '24YGIMOMMria−IN' 1개이다.

오답분석
• 19XGSDEWKhayeon−IM : 재학여부에 IM이란 코드는 자료에서 찾을 수 없다.
• 21ZGKMMWHyisoo−GR : 전공학과 중 MM코드를 가진 학과는 자료에서 찾을 수 없다.
• 22ZGIRAWKhanha0−AB : 같은 이름이 없을 경우에는 이름 뒤에 숫자를 기입하지 않고, 같은 이름이 2명 이상이라면 이름 뒤에 1부터 숫자를 기입한다.

07
정답 ②

📖은 4번째에 제시된 도형이므로 정답은 ②이다.

08
정답 ③

📕은 5번째에 제시된 도형이므로 정답은 ③이다.

09
정답 ①

🖰은 3번째에 제시된 도형이므로 정답은 ①이다.

10
정답 ④

🜔은 8번째에 제시된 도형이므로 정답은 ④이다.

11
정답 ④

제시된 문자를 오름차순으로 나열하면 'F − 7 − 8 − 9 − L − S'이므로 1번째에 오는 문자는 'F'이다.

12
정답 ④

제시된 문자를 오름차순으로 나열하면 'B − D − E − G − H − I'이므로 1번째에 오는 문자는 'B'이다.

13
정답 ④

제시된 문자를 오름차순으로 나열하면 'ㄱ − ㅑ − ㅓ − ㅁ − ㅣ − ㅍ'이므로 5번째에 오는 문자는 'ㅣ'이다.

14 정답 ④

제시된 문자를 오름차순으로 나열하면 'ㄱ − ㄷ − ㅅ − ㅈ − ㅋ − ㅌ'이므로 1번째에 오는 문자는 'ㄱ'이다.

15 정답 ③

제시된 문자와 수를 오름차순으로 나열하면 '2 − h − 11 − 12 − y − z'이므로 2번째에 오는 문자나 수는 'h'이다.

16 정답 ①

제시된 문자를 내림차순으로 나열하면 'S − R − M − L − H − C'이므로 3번째에 오는 문자는 'M'이다.

17 정답 ②

제시된 문자를 내림차순으로 나열하면 'W − R − K − J − I − H'이므로 6번째에 오는 문자는 'H'이다.

18 정답 ③

제시된 문자를 내림차순으로 나열하면 'ㅊ − ㅜ − ㅂ − ㅗ − ㅕ − ㄷ'이므로 6번째에 오는 문자는 'ㄷ'이다.

19 정답 ③

제시된 문자를 내림차순으로 나열하면 'Y − W − R − Q − P − F'이므로 3번째에 오는 문자는 'R'이다.

20 정답 ③

제시된 문자나 수를 내림차순으로 나열하면 '23 − V − 20 − S − 18 − Q'이므로 4번째에 오는 문자나 수는 'S'이다.

21 정답 ④

오답분석

①

②

③

22 정답 ④

오답분석

①

②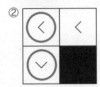

③

23 정답 ③

오답분석

①

②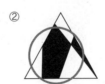

④

24

정답 ③

①

②

④

25

정답 ①

②

③

④

26

정답 ④

①

②

③

27

정답 ④

①

②

③

28　　　　　　　　　　　　　정답 ③

①

②

④

29　　　　　　　　　　　　　정답 ②

①

③

④

30　　　　　　　　　　　　　정답 ①

②

③

④

31　　　　　　　　　　　　　정답 ③

- 1층 : $6 \times 3 = 18$개
- 2층 : $18 - 4 = 14$개
- 3층 : $18 - 5 = 13$개
- 4층 : $18 - 10 = 8$개
∴ $18 + 14 + 13 + 8 = 53$개

32　　　　　　　　　　　　　정답 ④

- 1층 : $6 \times 4 - 2 = 22$개
- 2층 : $24 - 5 = 19$개
- 3층 : $24 - 6 = 18$개
- 4층 : $24 - 12 = 12$개
∴ $22 + 19 + 18 + 12 = 71$개

33　　　　　　　　　　　　　정답 ③

- 1층 : $7 \times 4 - 2 = 26$개
- 2층 : $28 - 9 = 19$개
- 3층 : $28 - 14 = 14$개
∴ $26 + 19 + 14 = 59$개

34　　　　　　　　　　　　　정답 ③

- 1층 : $4 \times 4 - 10 = 6$개
- 2층 : $16 - 7 = 9$개
- 3층 : $16 - 2 = 14$개
- 4층 : $16 - 5 = 11$개
∴ $6 + 9 + 14 + 11 = 40$개

35　　　　　　　　　　　　　정답 ④

- 1층 : $4 \times 3 - 6 = 6$개
- 2층 : $12 - 2 = 10$개
- 3층 : $12 - 2 = 10$개
- 4층 : $12 - 4 = 8$개
∴ $6 + 10 + 10 + 8 = 34$개

36 정답 ③

- 1층 : 4×4−9=7개
- 2층 : 16−2=14개
- 3층 : 16−7=9개
- 4층 : 16−8=8개
∴ 7+14+9+8=38개

37 정답 ④

- 1층 : 3×4−2=10개
- 2층 : 12−5=7개
- 3층 : 12−9=3개
∴ 10+7+3=20개

38 정답 ①

- 1층 : 4×4−10=6개
- 2층 : 16−6=10개
- 3층 : 16−6=10개
- 4층 : 16−2=14개
∴ 6+10+10+14=40개

39 정답 ①

- 1층 : 3×4−2=10개
- 2층 : 12−9=3개
- 3층 : 12−11=1개
∴ 10+3+1=14개

40 정답 ②

- 1층 : 4×4−4=12개
- 2층 : 16−4=12개
- 3층 : 16−5=11개
- 4층 : 16−11=5개
∴ 12+12+11+5=40개

삼성 온라인 GSAT 5급 답안카드

※ 절취선을 따라 분리하여 실제 시험과 같이 사용하면 더욱 효과적입니다.

수리능력검사

문번	1	2	3	4	문번	1	2	3	4
1	①	②	③	④	21	①	②	③	④
2	①	②	③	④	22	①	②	③	④
3	①	②	③	④	23	①	②	③	④
4	①	②	③	④	24	①	②	③	④
5	①	②	③	④	25	①	②	③	④
6	①	②	③	④	26	①	②	③	④
7	①	②	③	④	27	①	②	③	④
8	①	②	③	④	28	①	②	③	④
9	①	②	③	④	29	①	②	③	④
10	①	②	③	④	30	①	②	③	④
11	①	②	③	④	31	①	②	③	④
12	①	②	③	④	32	①	②	③	④
13	①	②	③	④	33	①	②	③	④
14	①	②	③	④	34	①	②	③	④
15	①	②	③	④	35	①	②	③	④
16	①	②	③	④	36	①	②	③	④
17	①	②	③	④	37	①	②	③	④
18	①	②	③	④	38	①	②	③	④
19	①	②	③	④	39	①	②	③	④
20	①	②	③	④	40	①	②	③	④

추리능력검사

문번	1	2	3	4	문번	1	2	3	4
1	①	②	③	④	21	①	②	③	④
2	①	②	③	④	22	①	②	③	④
3	①	②	③	④	23	①	②	③	④
4	①	②	③	④	24	①	②	③	④
5	①	②	③	④	25	①	②	③	④
6	①	②	③	④	26	①	②	③	④
7	①	②	③	④	27	①	②	③	④
8	①	②	③	④	28	①	②	③	④
9	①	②	③	④	29	①	②	③	④
10	①	②	③	④	30	①	②	③	④
11	①	②	③	④	31	①	②	③	④
12	①	②	③	④	32	①	②	③	④
13	①	②	③	④	33	①	②	③	④
14	①	②	③	④	34	①	②	③	④
15	①	②	③	④	35	①	②	③	④
16	①	②	③	④	36	①	②	③	④
17	①	②	③	④	37	①	②	③	④
18	①	②	③	④	38	①	②	③	④
19	①	②	③	④	39	①	②	③	④
20	①	②	③	④	40	①	②	③	④

지각능력검사

문번	1	2	3	4	문번	1	2	3	4
1	①	②	③	④	21	①	②	③	④
2	①	②	③	④	22	①	②	③	④
3	①	②	③	④	23	①	②	③	④
4	①	②	③	④	24	①	②	③	④
5	①	②	③	④	25	①	②	③	④
6	①	②	③	④	26	①	②	③	④
7	①	②	③	④	27	①	②	③	④
8	①	②	③	④	28	①	②	③	④
9	①	②	③	④	29	①	②	③	④
10	①	②	③	④	30	①	②	③	④
11	①	②	③	④	31	①	②	③	④
12	①	②	③	④	32	①	②	③	④
13	①	②	③	④	33	①	②	③	④
14	①	②	③	④	34	①	②	③	④
15	①	②	③	④	35	①	②	③	④
16	①	②	③	④	36	①	②	③	④
17	①	②	③	④	37	①	②	③	④
18	①	②	③	④	38	①	②	③	④
19	①	②	③	④	39	①	②	③	④
20	①	②	③	④	40	①	②	③	④

고사장

성명

수험번호

⓪	⓪	⓪	⓪	⓪	⓪
①	①	①	①	①	①
②	②	②	②	②	②
③	③	③	③	③	③
④	④	④	④	④	④
⑤	⑤	⑤	⑤	⑤	⑤
⑥	⑥	⑥	⑥	⑥	⑥
⑦	⑦	⑦	⑦	⑦	⑦
⑧	⑧	⑧	⑧	⑧	⑧
⑨	⑨	⑨	⑨	⑨	⑨

감독위원 확인

인

삼성 온라인 GSAT 5급 답안카드

고사장

성명

수험번호

0	1	2	3	4	5	6	7	8	9
0	1	2	3	4	5	6	7	8	9
0	1	2	3	4	5	6	7	8	9
0	1	2	3	4	5	6	7	8	9
	1	2	3	4	5	6	7	8	9
0	1	2	3	4	5	6	7	8	9
0	1	2	3	4	5	6	7	8	9

감독위원 확인 (인)

수리능력검사

문번	1	2	3	4	문번	1	2	3	4
1	①	②	③	④	21	①	②	③	④
2	①	②	③	④	22	①	②	③	④
3	①	②	③	④	23	①	②	③	④
4	①	②	③	④	24	①	②	③	④
5	①	②	③	④	25	①	②	③	④
6	①	②	③	④	26	①	②	③	④
7	①	②	③	④	27	①	②	③	④
8	①	②	③	④	28	①	②	③	④
9	①	②	③	④	29	①	②	③	④
10	①	②	③	④	30	①	②	③	④
11	①	②	③	④	31	①	②	③	④
12	①	②	③	④	32	①	②	③	④
13	①	②	③	④	33	①	②	③	④
14	①	②	③	④	34	①	②	③	④
15	①	②	③	④	35	①	②	③	④
16	①	②	③	④	36	①	②	③	④
17	①	②	③	④	37	①	②	③	④
18	①	②	③	④	38	①	②	③	④
19	①	②	③	④	39	①	②	③	④
20	①	②	③	④	40	①	②	③	④

추리능력검사

문번	1	2	3	4	문번	1	2	3	4
1	①	②	③	④	21	①	②	③	④
2	①	②	③	④	22	①	②	③	④
3	①	②	③	④	23	①	②	③	④
4	①	②	③	④	24	①	②	③	④
5	①	②	③	④	25	①	②	③	④
6	①	②	③	④	26	①	②	③	④
7	①	②	③	④	27	①	②	③	④
8	①	②	③	④	28	①	②	③	④
9	①	②	③	④	29	①	②	③	④
10	①	②	③	④	30	①	②	③	④
11	①	②	③	④	31	①	②	③	④
12	①	②	③	④	32	①	②	③	④
13	①	②	③	④	33	①	②	③	④
14	①	②	③	④	34	①	②	③	④
15	①	②	③	④	35	①	②	③	④
16	①	②	③	④	36	①	②	③	④
17	①	②	③	④	37	①	②	③	④
18	①	②	③	④	38	①	②	③	④
19	①	②	③	④	39	①	②	③	④
20	①	②	③	④	40	①	②	③	④

지각능력검사

문번	1	2	3	4	문번	1	2	3	4
1	①	②	③	④	21	①	②	③	④
2	①	②	③	④	22	①	②	③	④
3	①	②	③	④	23	①	②	③	④
4	①	②	③	④	24	①	②	③	④
5	①	②	③	④	25	①	②	③	④
6	①	②	③	④	26	①	②	③	④
7	①	②	③	④	27	①	②	③	④
8	①	②	③	④	28	①	②	③	④
9	①	②	③	④	29	①	②	③	④
10	①	②	③	④	30	①	②	③	④
11	①	②	③	④	31	①	②	③	④
12	①	②	③	④	32	①	②	③	④
13	①	②	③	④	33	①	②	③	④
14	①	②	③	④	34	①	②	③	④
15	①	②	③	④	35	①	②	③	④
16	①	②	③	④	36	①	②	③	④
17	①	②	③	④	37	①	②	③	④
18	①	②	③	④	38	①	②	③	④
19	①	②	③	④	39	①	②	③	④
20	①	②	③	④	40	①	②	③	④

삼성 온라인 GSAT 5급 답안카드

수리능력검사

문번	1	2	3	4	문번	1	2	3	4
1	①	②	③	④	21	①	②	③	④
2	①	②	③	④	22	①	②	③	④
3	①	②	③	④	23	①	②	③	④
4	①	②	③	④	24	①	②	③	④
5	①	②	③	④	25	①	②	③	④
6	①	②	③	④	26	①	②	③	④
7	①	②	③	④	27	①	②	③	④
8	①	②	③	④	28	①	②	③	④
9	①	②	③	④	29	①	②	③	④
10	①	②	③	④	30	①	②	③	④
11	①	②	③	④	31	①	②	③	④
12	①	②	③	④	32	①	②	③	④
13	①	②	③	④	33	①	②	③	④
14	①	②	③	④	34	①	②	③	④
15	①	②	③	④	35	①	②	③	④
16	①	②	③	④	36	①	②	③	④
17	①	②	③	④	37	①	②	③	④
18	①	②	③	④	38	①	②	③	④
19	①	②	③	④	39	①	②	③	④
20	①	②	③	④	40	①	②	③	④

추리능력검사

문번	1	2	3	4	문번	1	2	3	4
1	①	②	③	④	21	①	②	③	④
2	①	②	③	④	22	①	②	③	④
3	①	②	③	④	23	①	②	③	④
4	①	②	③	④	24	①	②	③	④
5	①	②	③	④	25	①	②	③	④
6	①	②	③	④	26	①	②	③	④
7	①	②	③	④	27	①	②	③	④
8	①	②	③	④	28	①	②	③	④
9	①	②	③	④	29	①	②	③	④
10	①	②	③	④	30	①	②	③	④
11	①	②	③	④	31	①	②	③	④
12	①	②	③	④	32	①	②	③	④
13	①	②	③	④	33	①	②	③	④
14	①	②	③	④	34	①	②	③	④
15	①	②	③	④	35	①	②	③	④
16	①	②	③	④	36	①	②	③	④
17	①	②	③	④	37	①	②	③	④
18	①	②	③	④	38	①	②	③	④
19	①	②	③	④	39	①	②	③	④
20	①	②	③	④	40	①	②	③	④

지각능력검사

문번	1	2	3	4	문번	1	2	3	4
1	①	②	③	④	21	①	②	③	④
2	①	②	③	④	22	①	②	③	④
3	①	②	③	④	23	①	②	③	④
4	①	②	③	④	24	①	②	③	④
5	①	②	③	④	25	①	②	③	④
6	①	②	③	④	26	①	②	③	④
7	①	②	③	④	27	①	②	③	④
8	①	②	③	④	28	①	②	③	④
9	①	②	③	④	29	①	②	③	④
10	①	②	③	④	30	①	②	③	④
11	①	②	③	④	31	①	②	③	④
12	①	②	③	④	32	①	②	③	④
13	①	②	③	④	33	①	②	③	④
14	①	②	③	④	34	①	②	③	④
15	①	②	③	④	35	①	②	③	④
16	①	②	③	④	36	①	②	③	④
17	①	②	③	④	37	①	②	③	④
18	①	②	③	④	38	①	②	③	④
19	①	②	③	④	39	①	②	③	④
20	①	②	③	④	40	①	②	③	④

고사장

성명

수험번호

⊖	①	②	③	④	⑤	⑥	⑦	⑧	⑨
⊖	①	②	③	④	⑤	⑥	⑦	⑧	⑨
⊖	①	②	③	④	⑤	⑥	⑦	⑧	⑨
⊖	①	②	③	④	⑤	⑥	⑦	⑧	⑨
⊖	①	②	③	④	⑤	⑥	⑦	⑧	⑨
⊖	①	②	③	④	⑤	⑥	⑦	⑧	⑨
⊖	①	②	③	④	⑤	⑥	⑦	⑧	⑨

감독위원 확인

(인)

※ 절취선을 따라 분리하여 실제 시험과 같이 사용하면 더욱 효과적입니다.

삼성 온라인 GSAT 5급 답안카드

고사장

성 명

수험번호

⓪	⓪	⓪	⓪	⓪	⓪	
①	①	①	①	①	①	①
②	②	②	②	②	②	②
③	③	③	③	③	③	③
④	④	④	④	④	④	④
⑤	⑤	⑤	⑤	⑤	⑤	⑤
⑥	⑥	⑥	⑥	⑥	⑥	⑥
⑦	⑦	⑦	⑦	⑦	⑦	⑦
⑧	⑧	⑧	⑧	⑧	⑧	⑧
⑨	⑨	⑨	⑨	⑨	⑨	⑨

감독위원 확인 (인)

수리능력검사

문번	1	2	3	4	문번	1	2	3	4
1	①	②	③	④	21	①	②	③	④
2	①	②	③	④	22	①	②	③	④
3	①	②	③	④	23	①	②	③	④
4	①	②	③	④	24	①	②	③	④
5	①	②	③	④	25	①	②	③	④
6	①	②	③	④	26	①	②	③	④
7	①	②	③	④	27	①	②	③	④
8	①	②	③	④	28	①	②	③	④
9	①	②	③	④	29	①	②	③	④
10	①	②	③	④	30	①	②	③	④
11	①	②	③	④	31	①	②	③	④
12	①	②	③	④	32	①	②	③	④
13	①	②	③	④	33	①	②	③	④
14	①	②	③	④	34	①	②	③	④
15	①	②	③	④	35	①	②	③	④
16	①	②	③	④	36	①	②	③	④
17	①	②	③	④	37	①	②	③	④
18	①	②	③	④	38	①	②	③	④
19	①	②	③	④	39	①	②	③	④
20	①	②	③	④	40	①	②	③	④

추리능력검사

문번	1	2	3	4	문번	1	2	3	4
1	①	②	③	④	21	①	②	③	④
2	①	②	③	④	22	①	②	③	④
3	①	②	③	④	23	①	②	③	④
4	①	②	③	④	24	①	②	③	④
5	①	②	③	④	25	①	②	③	④
6	①	②	③	④	26	①	②	③	④
7	①	②	③	④	27	①	②	③	④
8	①	②	③	④	28	①	②	③	④
9	①	②	③	④	29	①	②	③	④
10	①	②	③	④	30	①	②	③	④
11	①	②	③	④	31	①	②	③	④
12	①	②	③	④	32	①	②	③	④
13	①	②	③	④	33	①	②	③	④
14	①	②	③	④	34	①	②	③	④
15	①	②	③	④	35	①	②	③	④
16	①	②	③	④	36	①	②	③	④
17	①	②	③	④	37	①	②	③	④
18	①	②	③	④	38	①	②	③	④
19	①	②	③	④	39	①	②	③	④
20	①	②	③	④	40	①	②	③	④

지각능력검사

문번	1	2	3	4	문번	1	2	3	4
1	①	②	③	④	21	①	②	③	④
2	①	②	③	④	22	①	②	③	④
3	①	②	③	④	23	①	②	③	④
4	①	②	③	④	24	①	②	③	④
5	①	②	③	④	25	①	②	③	④
6	①	②	③	④	26	①	②	③	④
7	①	②	③	④	27	①	②	③	④
8	①	②	③	④	28	①	②	③	④
9	①	②	③	④	29	①	②	③	④
10	①	②	③	④	30	①	②	③	④
11	①	②	③	④	31	①	②	③	④
12	①	②	③	④	32	①	②	③	④
13	①	②	③	④	33	①	②	③	④
14	①	②	③	④	34	①	②	③	④
15	①	②	③	④	35	①	②	③	④
16	①	②	③	④	36	①	②	③	④
17	①	②	③	④	37	①	②	③	④
18	①	②	③	④	38	①	②	③	④
19	①	②	③	④	39	①	②	③	④
20	①	②	③	④	40	①	②	③	④

2025 최신판 시대에듀 All-New 사이다 모의고사
삼성 온라인 GSAT 5급 고졸채용

개정16판1쇄 발행	2025년 02월 20일 (인쇄 2025년 01월 24일)
초 판 발 행	2016년 01월 15일 (인쇄 2015년 12월 01일)
발 행 인	박영일
책 임 편 집	이해욱
편 저	SDC(Sidae Data Center)
편 집 진 행	안희선 · 윤지원
표지디자인	조혜령
편집디자인	최미림 · 고현준
발 행 처	(주)시대고시기획
출 판 등 록	제10-1521호
주 소	서울시 마포구 큰우물로 75 [도화동 538 성지 B/D] 9F
전 화	1600-3600
팩 스	02-701-8823
홈 페 이 지	www.sdedu.co.kr
I S B N	979-11-383-8733-0 (13320)
정 가	22,000원

사사사
싱이이
다다다

사일 동안
이것만 풀면
다 합격!

삼성
온라인 GSAT
5급 고졸채용

고졸/전문대졸 필기시험 시리즈

고졸 / 전문대졸 취업 기초부터 합격까지! 취업의 문을 여는 **Master Key!**

포스코그룹
생산기술직 / 직업훈련생

삼성
제조직무적성검사

현대자동차
생산직 / 기술인력

S-OIL 생산직

GS칼텍스 생산기술직

SK하이닉스
고졸 / 전문대졸

※도서의 이미지 및 구성은 변동될 수 있습니다.

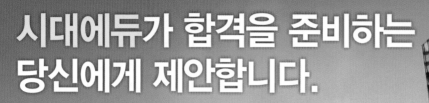

시대에듀가 합격을 준비하는
당신에게 제안합니다.

결심하셨다면 지금 당장 실행하십시오.
시대에듀와 함께라면 문제없습니다.

성공의 기회!
시대에듀를 잡으십시오.

NEXT STEP!

기회란 포착되어 활용되기 전에는 기회인지조차 알 수 없는 것이다.

- 마크 트웨인 -